엄마 학교에서는 어떻게 해야 해?

21년 차 현직 초등 교사가
알려주는 초등 입학 준비

엄마 학교에서는 어떻게 해야 해?

유영미 지음

책들의정원

교문을 들어서는 아이의 뒷모습을 바라보며

혹시 아이가 태어난 날을 기억하시나요? 존재만으로도 세상이 환해지던 그 순간을요. 그런데 그 빛, 계속 이어지던가요?

조심스럽게 고백합니다. 아이가 자라 생일이 거듭될수록 제 마음은 조금씩 복잡해졌습니다. 어느 날부터 아이가 '빛'이 아니라 '빚'처럼 무겁게 느껴지더라고요. 존재 자체가 아니라 '행동'으로 아이를 재단하고, 그 기준에서 벗어날까 불안해하던 때가 제게도 있었습니다. 이 책은 그 시절의 저에게 보내는 편지이자, 지금 같은 마음으로 하루를 견디는 부모님들께 건네는 작은 위로의 말입니다.

아이의 일이라면 무엇이든 해결해 주고 싶은 마음과 해줄 수 없는 현실 사이에서 많은 부모님들이 길을 잃습니다. 저는 20여 년 동안 교단에서 그런 학부모님들을 수없이 만났고 그들의 이야기에 귀를 기울여 왔습니다. 고민과 눈물을 마주할 때마다 "어떤 말이 이 마음을 덜 아프게 할까, 무엇이 다음 걸음을 돕는 답이 될까"를 오래 생각했습니다. 때로는 부족했던 조언도 있었겠지만, 많은 분들이 제 진심을 믿어 주셨고 그 따뜻한 순간들은 제 안에 오래 남았습니다. 그 기억들이 차곡차곡 쌓여, 마침내 이 책이 되었습니다.

이 책을 쓰며 제가 가장 바랐던 것은 단 하나입니다. 이 세상 많은 부모님이 이 책을 통해 다시 '빛'을 발견하시는 것. 그래서 다양한 정보와 마인드셋은 물론, 대화 노트와 선행 워크북까지 알차게 담았습니다. 이 책에 담긴 모든 요소가 자연스럽게 어우러져 한 아이가 학교를 조금 더 편안하게 느끼고, 조금 더 사랑하게 된다면 제게는 그보다 큰 기쁨이 없을 것 같습니다.

이 책은 크게 보자면 세 개의 장과 부록으로 구성되어 있습니다. 1장에는 학교생활을 시작하기 전 예비 초1 부모님이라면 누구나 품게 되는 질문들을 모았습니다. 저는 사소해 보이는 질문이 때로는 큰 변화를 만든다고 믿습니다. '다 아는 이야기'처럼 보이지만, 깊이 들여다보면 좋은 선택으로 이어지는 질문들이 있습니다. 그 질문들 가운데 꼭 필요한 것만 골라 현실적인 대답과 함께 담았습니다.

2장에는 실제 학교생활에서 알면 도움이 되는 꿀팁을 꾹꾹 눌러 담았습니다. 흩어져 있던 입학 상식과 막연했던 학교생활 이야기를 좀 더 구체적으로 풀어서 부모님이 이해하고 바로 적용할 수 있도록 정리했습니다.

3장에서는 아이와 실제로 나눌 수 있는 대화 예시를 보여드립니다. 여러 해 동안 1학년 담임을 하며 확신하게 된 것이 있습니다. 학교에 잘 적응하는 아이들의 공통점은, 평소 좋은 대화 경험이 충분하다는 점입니다. 1, 2장에서 정보와 마음가짐을 쌓았다면 3장은 매일 실전을 살아가는 부모님께 '대화'라는 든든한 도구를 쥐여 드리고 싶은 마음으로 준비했습니다. 아이의 불안을 낮추고 스스로 해낼 힘을 키우는 대화를 함께 연습해 보세요.

마지막으로 부록 〈아이와 함께하는 16일 챌린지〉는 이 책의 백미라고 자신 있게 말씀드리고 싶습니다. 저는 초등 입학 준비에서 '한 학기 정도의 가벼운 선행'을 추천합니다. 여기서 선행이란 어려운 내용을 앞서 나가는 거창한 공부가 아니라 개학 전 방학에 곧 만날 학기의 공부를 한 번 맛보는 정도의 준비입니다. 1학년 1학기의 내용을 가볍게 경험해 본 아이는 처음 학교에 들어서는 순간부터 자신감이 다르게 자리 잡는 경우가 많습니다. 그래서 1학년 1학기를 부담 없이 만나볼 수 있도록 워크북을 만들었습니다. 이 워크북으로 가볍게 맛보는 '엄마표 선행'은 아이에게 분명 큰 힘이 되어줄 것이라 믿습니다.

21년 차 교사로, 14년 차 엄마로 살아오며 제 이야기를 이렇게 나눌 수 있음에 오늘도 감사합니다. 이 책이 예비 초1 부모님께는 든든한 길잡이가, 아이에게는 한 걸음 더 가볍게 학교로 향할 용기가 되기를 바랍니다.

봄을 기다리며

유영미 드림

차례

1장 요즘 아이들의 초등학교 생활

2장 입학식 전까지 준비해야 할 것들

3장 가장 중요한 첫 30일

1장

요즘 아이들의 초등학교 생활

입학은 꼭 여덟 살에 하나요?

우리나라에서 초등학교 입학 연령은 법으로 정해져 있습니다. 「초·중등교육법」 제13조 제1항에는 이렇게 규정되어 있습니다.

"보호자는 자녀가 6세가 된 날이 속하는 해의 다음 해 3월 1일에 초등학교에 입학시켜야 한다."

예를 들어, 2019년 1월 1일부터 12월 31일 사이에 태어난 아이라면 2026년 3월 1일에 초등학교에 입학하게 됩니다. 하지만 모든 아이가 꼭 같은 시기에 학교에 가야 하는 것은 아닙니다.

아이의 발달 속도와 성향은 저마다 다르기 때문에, 학부모가 선택할 수 있는 예외 제도가 마련되어 있습니다. 바로 조기 입학과 취학 유예(입학 연기) 제도입니다. 이 두 제도는 학교장의 승인 절차 없이 보호자의 신청만으로 결정되므로, 가정의 신중한 판단이 무엇보다 중요합니다.

조기 입학 제도

조기 입학은 발달이 빠르거나, 가정적·사회적 이유로 조금 일찍 학교에 보내고자 하는 경우에 선택할 수 있는 제도입니다.

대 상	만 5세가 된 아동(예: 2020년생이 2026년에 입학하고 싶을 때)
신청 기간	매년 10월 1일 ~ 12월 31일
신청 방법	거주지 관할 주민센터에 신청서 제출
결정 방식	별도의 심사 없이 자동 승인

단, 학습 능력만으로 판단하기는 어렵습니다. 학교는 지식을 배우는 곳이기도 하지만, 동시에 사회적 관계와 자율성을 배우는 공간이기도 합니다. 따라서 '글씨를 잘 쓰는가', '숫자를 아는가'보다는 규칙을 이해하고 친구들과 어울릴 준비가 되었는가를 살펴보는 것이 중요합니다. 조기 입학은 '앞서가는 선택'이 아니라, 아이의 성장 속도에 맞춘 결정이어야 합니다.

취학 유예(입학 연기) 제도

반대로, 아이가 아직 학교생활을 시작하기에는 이르다고 느껴질

때는 취학 유예를 신청할 수 있습니다. 발달 상태나 건강, 가정 사정 등으로 입학을 1년 미루는 제도입니다.

대 상	만 7세가 되는 아동 중, 발달 지연·건강 문제·가정 상황 등으로 입학을 미루고자 하는 경우
신청 기간	매년 10월 1일 ~ 12월 31일
신청 방법	조기 입학과 마찬가지로 거주지 관할 주민센터에 신청
결정 방식	자동 승인

한 번 유예를 한 뒤에도 추가 연기가 필요할 경우에는 단순 신청만으로는 어렵습니다. 이때는 학교장에게 신청서를 제출하고, 필요시 의무교육관리위원회의 심의를 거쳐야 합니다.

상황에 따라 의료기관의 진단서나 상담 기록이 요구될 수도 있습니다.

아이의 입학 시기를 결정하는 일은 단순한 행정 절차가 아니라, 아이의 성장과 발달을 이해하는 과정입니다. '빨리 보내야 할까, 조금 더 기다릴까?' 하는 고민은 자연스러운 일입니다.

정답은 없습니다. 다만 아이가 즐겁게 배우고 안정적으로 적응할 수 있는 시점이 언제인지를 함께 고민하는 것이 무엇보다 중요합니다. 아이에게 가장 잘 맞는 시기에, 따뜻한 마음으로 첫 학교 생활을 맞이할 수 있기를 바랍니다.

가까운 초등학교에 가면 되나요?

우리나라에서 초등학교 배정은 「초·중등교육법 시행령」 제15조에 따라 거주지 중심 학구제를 원칙으로 하고 있습니다.

"취학 아동은 보호자의 주소지를 기준으로 정해진 학구 내 학교에 배정한다."

즉, 대부분의 아이들은 현재 주소지에 해당하는 초등학교로 자동 배정됩니다. 매년 12월 초, 가정으로 '취학통지서'가 발부되며, 이를 통해 대부분의 학생이 거주지 인근 공립초등학교에 입학하게 됩니다.

다만, 예외적인 경우도 있습니다. 바로 사립초등학교에 지원하는 경우와 입학 전 이사로 주소지가 바뀌는 경우입니다. 이 두 상황에서는 별도의 절차를 알아두셔야 합니다.

사립초등학교 입학 제도

사립초등학교는 주소지와 관계없이 지원이 가능합니다.

학교별로 모집 시기와 방식이 다르므로, 반드시 개별 공고를 확인해야 합니다.

대 상	사립초등학교 입학을 희망하는 아동 (주소지 학구와 관계없이 지원 가능)
신청 기간	매년 10월 ~ 11월 초 (학교별 공고에 따라 다름)
신청 방법	사립학교 개별 모집 공고 확인 후, 온라인(진학어플라이 등 전산 시스템) 또는 학교 방문 접수. 서울 지역은 대부분 통합 전산 시스템으로 접수하며, 최대 3개교까지 지원 가능
결정 방식	전산 추첨 또는 학교 자체 전형을 통해 선발
합격 절차	입학승낙서와 서류 제출을 해야 최종 등록이 확정됨. 중복 등록은 불가하며, 사립에 등록하면 공립학교 배정은 자동 취소 처리

각 학교는 모집 시기·요구 서류·등록 절차가 조금씩 다릅니다. 따라서 반드시 해당 학교의 공식 홈페이지나 모집 요강을 통해 정확한 정보를 확인해야 합니다.

또한, 학교별 교육과정과 등록금 수준이 다르므로, 사전에 충분한 비교와 정보 수집이 필요합니다. 가능하다면 학교 설명회나 오리엔테

이션에 참여해보세요. 학교의 분위기와 교육 철학을 직접 느껴보는 것이 아이에게 가장 잘 맞는 학교를 선택하는 데 큰 도움이 됩니다.

입학 전 주소지 변경 절차

입학 전에 이사를 하게 되면, 주소지 변경 절차를 통해 새로운 학구의 학교로 배정받을 수 있습니다. 이 경우 '전학'이 아니라 주소지 변경으로 인한 배정 변경으로 처리됩니다.

① 주소 이전 신고

보호자가 세대주 또는 세대원과 함께 주민등록 전입신고를 합니다.

신고 장소: 읍·면·동 주민센터 또는 정부24(온라인)

② 취학통지서 변경 발급

주소지 변경이 완료되면, 새로운 학구의 학교에서 취학통지서가 발급됩니다.

이미 취학통지서를 받은 경우에도, 변경된 주소 기준으로 다시 발급받을 수 있습니다.

초등학교 입학 이후에 학교를 옮기는 것은 '전학'이지만, 입학 전에는 아직 학적이 생성되지 않았기 때문에 전학 절차를 밟을 수 없습니다.

따라서 입학 전 학교를 바꾸려면 반드시 주소지 변경 절차를 통해

서만 가능합니다. 세부적인 규정은 지역별로 조금 다를 수 있으므로, 거주지 관할 주민센터에 문의하여 정확한 안내를 받는 것이 좋습니다.

초등학교 배정은 행정 절차로 보이지만, 그 안에는 아이의 생활권과 성장 환경을 결정하는 중요한 선택이 담겨 있습니다. 아이에게 익숙한 동네에서 친구들과 함께 학교생활을 시작하는 것이 심리적 안정감과 사회성 발달에도 긍정적인 영향을 줍니다.

만약 새로운 환경으로의 변화를 고민하고 있다면, 아이의 마음을 충분히 살피며 천천히 준비해 주세요.

취학통지서,
어떻게 받아야 하나요?

취학통지서는 초등학교 입학을 공식적으로 알리는 가장 중요한 서류입니다. 매년 12월경, 거주지 주민센터에서 등기우편으로 발송됩니다. 만약 12월 중순까지 취학통지서를 받지 못했다면, 거주지 읍·면·동 주민센터에 문의하거나 정부24 온라인 서비스를 통해 직접 발급받을 수 있습니다. 이때는 취학 대상 아동과 같은 세대의 세대주만 발급이 가능합니다.

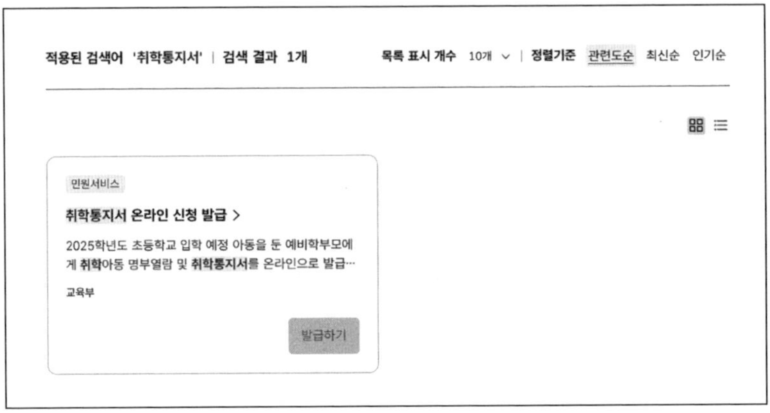

취학통지서 발급 화면(출처: 정부24 온라인 사이트)

학교 배정은 매년 10월 1일 기준 주소지를 바탕으로 이루어집니다. 따라서 이사 계획이 있다면, 이사 전과 후에 주민센터에 반드시 연락하여 확인하는 것이 중요합니다. 특히 외국인 가정의 자녀는 한국에서 태어났더라도 주민등록이 되어 있지 않으면 취학통지서가 자동 발급되지 않습니다. 이 경우 국내 거주 사실을 증명할 수 있는 서류를 지참하고 관할 읍·면·동 주민센터나 가까운 초등학교에 직접 상담해야 합니다.

취학통지서에는 다음과 같은 정보가 기재되어 있습니다.

· 취학 아동의 성명

· 주민등록번호 및 주소

- 배정된 취학학교
- 예비소집일 날짜
- 입학일시

서류를 받으면 자녀의 개인정보가 정확한지, 배정된 학교명이 맞는지, 예비소집일 일정이 언제인지 꼭 확인하세요. 이 세 가지는 이후 입학 절차의 기본이 되므로, 꼼꼼히 확인하는 것이 좋습니다.

또, 지역에 따라 초등학교 입학 준비금을 지원하는 곳도 있습니다. [정부24 → 보조금24] 메뉴에서 간단히 조회할 수 있으니, 우리 지역의 입학 준비금 지원 여부를 꼭 확인해 보세요.

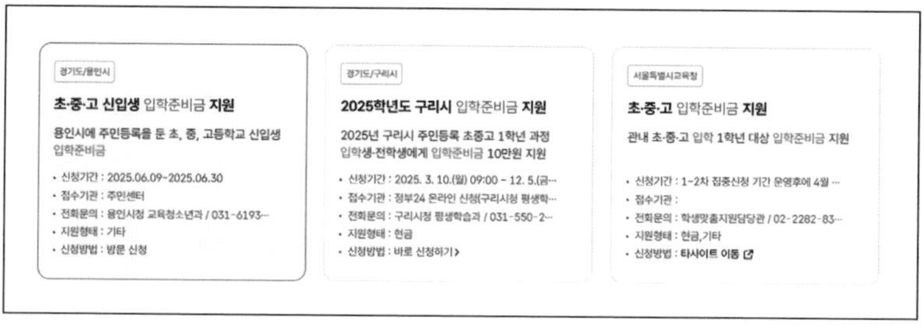

입학준비금 지원 화면(출처: 정부24 온라인 사이트)

취학통지서는 단순한 행정 문서가 아니라, 아이의 새로운 출발을 공식적으로 알리는 첫 편지입니다. 부모에게는 설레고, 아이에게는 자부심이 되는 이 시기에 서류 속 정보만 확인하지 말고, 그 안에 담긴 '시작의 의미'를 함께 나누어 주세요. 그 따뜻한 마음이 아이의 첫 학교생활을 더욱 든든하게 만들어 줄 것입니다.

예비소집일에는 무엇을 하나요?

예비소집일은 학교마다 조금씩 다르지만 보통 12월 말부터 1월 초 사이에 진행됩니다. 취학통지서에 기재된 날짜와 시간을 꼭 지켜 보호자가 입학 예정 아동과 함께 방문하세요. 부득이하게 참석이 어렵다면 반드시 미리 학교에 전화를 해야 합니다.

학교 방문 전에 미리 준비하면 좋을 세 가지를 소개합니다.

첫 번째, 주 보호자를 지정해주세요. 취학통지서에 보호자 성명과 연락처를 미리 적어 두고, 향후 학교와의 연락을 주로 맡을 주 보호자를 가족과 상의해 정하세요. 부모가 바쁘거나 떨어져 지내는 경우에는 조부모 연락처를 기재해도 좋습니다.

두 번째, 필수 예방 접종을 실시해주세요. 초등학교 입학 전 의무

예방접종은 보통 DTaP(5차), IPV(4차), MMR(2차), 일본뇌염(불활성화 4차 또는 약독화 생백신 2차)입니다. 입학을 준비하다보면 예방 접종을 미루다가 놓치는 경우가 많습니다. 예비소집일 전에 미리 예방 접종이라는 숙제를 마쳐놓으면 입학 준비가 그만큼 더 수월해집니다. 의료기관에서 접종 후 예방접종도우미 시스템에 등록되므로, 대체로 별도 서류 제출은 필요 없습니다.

세 번째, 아이와 함께 '첫 학교 탐방' 계획을 세워주세요. 예비소집 장소는 보통 학교 1층에 마련됩니다. 그곳만 들르지 말고 학교를 한 바퀴 천천히 돌아보세요. 1학년 교실, 화장실, 보건실, 도서관 등을 조용히 지나며 함께 살펴보면 아이가 학교를 더 친근하게 느낍니다. 예비소집 시간대는 대개 오후 2시~6시이며, 선택 가능하다면 비교적 한산한 3~4시 사이를 추천합니다.

예비소집일 현장에서는 취학통지서 확인 및 학생 기본 정보를 점검합니다. 또 예비소집 안내(입학일, 예비소집 절차 등)와 다양한 안내장과 신청서를(돌봄·늘봄, 교육급여, 입학식 안내 등) 수령하게 됩니다. 이 날 반드시 연락처를 작성한 취학통지서 원본을 지참하세요.

예비소집 후, 하루를 마무리하는 꿀팁도 알려드릴게요.

첫 번째, 전단지나 각종 안내물을 '선별 정리' 합니다. 예비소집일 교문 앞에서 학습지·학원 전단지가 많이 배부됩니다. 광고에 흔들릴 필요는 없지만, 유용한 정보가 있을 수 있으니 분류해 보관하세요.

두 번째, 맛있는 저녁을 먹으면서 대화를 나누세요. 학교에서 본 것들을 이야기하며 아이의 마음을 들어주세요. '유치원이랑 화장실이 뭐가 달랐어?', '집에서 학교까지 걷는 시간 어땠어?' 같은 구체적인 질문이 좋습니다. 이런 대화는 학교에 대한 친밀감을 높여 줍니다.

세 번째, 학교에서 받은 서류들을 꼼꼼히 읽으세요. 교육 급여 신청서, 늘봄 학교 신청서, 입학식 안내 등 다양한 안내장이 제공됩니다. 다음 장에서 하나씩 자세히 설명해드릴 테니, 당황하지 말고 차근차근 따라오시면 됩니다.

돌봄·늘봄·방과후학교는 어떻게 다른가요?

예비소집일에 받은 서류 중에 가장 궁금해하는 서류가 늘봄 학교 신청서입니다. 이 서류는 아이의 하교 이후 생활을 어떻게 지원할지를 결정하는 중요한 안내문이니 꼼꼼하게 챙겨보시는 것이 좋습니다.

학교에서 가장 먼저 시작된 방과후 프로그램 제도는 '방과후학교'입니다. 수업이 끝난 뒤 학교에서 열리는 다양한 강좌를 저렴한 비용으로 들을 수 있는 프로그램이에요. 예체능, 외국어, 과학, 컴퓨터 등 아이의 흥미와 특기를 살리는 선택형 프로그램으로 구성됩니다. 저 역시 어릴 적 학교가 끝나면 컴퓨터 교실에 들러 배우던 기억이 납니다. 방과후학교는 '학교 안의 작은 선택권'이라 생각하면 됩니다.

다음으로 만들어진 제도가 돌봄교실입니다. 초등학교 저학년(보통 1~2학년)을 대상으로, 방과후 돌봄이 필요한 학생에게 안전한 생활 공간과 보호 서비스를 제공하는 제도예요.

저는 교사로서 돌봄교실을 직접 운영해 본 경험이 있습니다. 항상 대기자 명단이 생길 정도로 신청이 많았고, 학교마다 입급(입실) 기준이 엄격하게 정해져 있었습니다. 주로 재직증명서, 가족관계증명서, 수급자증명서 등의 서류를 요구합니다. 학교마다 요구 서류나 제출 양식이 다를 수 있으므로, 서류 명칭을 정확히 확인한 뒤 준비하는 것이 중요합니다.

최근에 생긴 제도는 늘봄교실입니다. 기존의 돌봄과 방과후학교의 기능을 통합해 초등 전 학년을 대상으로 종합적인 돌봄과 학습 지원을 제공하는 것을 목표로 합니다. 학교마다 늘봄교실 개설 학급 수가 다르기 때문에 일부 학교에서는 우선순위 기준이 적용될 수 있습니다. 늘봄교실은 아직 전국적으로 확대 중인 제도이므로, 학교별 운영 방식에 차이가 있을 수 있습니다. 따라서 학교에서 배부되는 안내장을 꼭 꼼꼼히 확인해 주세요.

요즘은 세 가지 제도가 점차 통합되어 '늘봄학교'라는 이름으로 운영되고 있습니다. 방과후학교가 '선택형 교육', 돌봄교실이 '선택형 돌봄', 늘봄교실이 '맞춤형 교육'으로 불리기도 하지요. 아직은 과도기라 명칭이 혼용되기도 하지만, 핵심은 '아이의 하루가 안전하고 의미 있게 이어지도록 돕는 제도'라는 점입니다.

늘봄 학교 프로그램 비교

구 분	선택형 교육 (구. 방과후학교)	선택형 돌봄 (구. 돌봄교실)	맞춤형 교육 (구. 늘봄교실)
목 적	특기, 적성 개발	돌봄 제공	돌봄과 학습 통합
대 상	전 학년	1~2학년	전 학년 (학교별 상이)
운영시간	방과 후 정해진 시간	방과 후~저녁 (학교별 상이)	아침~저녁 (학교별 상이)
프로그램	예체능, 학습, 취미 (분기별 개별 신청)	놀이, 독서 (학교별 상이)	학습, 돌봄 통합 (학교별 상이)
교 사	외부 강사	돌봄 전담사	외부 강사 (학교별 상이)
비 용	유료	무료 또는 일부 유료	무료 또는 일부 유료

만약 안정적인 돌봄을 원한다면 선택형 돌봄을 추천합니다. 단, 서류 기준이 명확하므로 준비를 서둘러야 합니다. 또, 아이의 여유 있는 오후를 원한다면 선택형 교육으로 다양한 강좌를 체험해 보세요. 단, 인기 강좌는 선착순·추첨제로 운영될 수 있으니 접수일을 꼭 확인하세요. 저소득층 또는 맞벌이 가정의 경우 우선권 부여나 수강료 지원 제도가 있으니, 학교나 교육청 공지 사항을 꼼꼼히 확인해 두시면 도움이 됩니다.

워킹맘인데
휴직해야 할까요?

앞서 살펴본 것처럼, 학교에는 다양한 지원 제도가 잘 마련되어 있습니다. 그래서 모든 부모님이 반드시 1년 휴직을 해야 하는 것은 아닙니다. 아이마다 다르고, 가정마다 상황이 다르기 때문입니다. 다만, 아이가 새로운 환경에 적응하는 데 시간이 필요하거나, 불안감이 평균보다 높은 경우에는 일시적인 휴직이 도움이 될 수 있습니다. 이때 중요한 것은 '우리 아이가 어떤 성향인가?'를 먼저 아는 일입니다.

아이의 적응력을 살피는 가장 좋은 방법은, 처음 어린이집이나 유치원에 갔을 때의 모습을 떠올려 보는 것입니다. 그 시절 일이 까마득하게 느껴진다면 오히려 좋은 신호예요. 그만큼 아이가 새로운 환경에 잘 적응하고 힘든 기억 없이 자연스럽게 성장했다는 뜻이니까요. 하지만 그 시기가 아직도 생생히 떠오르고, 그때의 눈물과 불안이 마음에 남아 있다면 아직은 부모의 곁이 조금 더 필요한 시기일 수도 있습니다.

또 한 가지 중요한 요소는 부모의 양육 경험입니다. 아이보다 더 크게 흔들리는 부모님도 있고 조용히 문제를 받아들이며 차분히 대처하는 부모님도 있습니다. 나는 어떤 부모일까, 잠시 생각해보세요. 아이의 어려움 앞에서 내가 무너졌던 적이 있다면 그때의 나를 보호하기 위해서라도 휴직이 도움이 될 수 있습니다. 휴직은 단순한 시간이 아니라, 부모가 자신과 아이 모두를 돌보는 '정서적 회복의 시간'이 될 수 있습니다.

휴직이라는 결정은 결코 가볍지 않습니다. 경제적인 부담, 경력의 공백, 가족의 시선까지 모든 것을 함께 감수해야 하는 선택이지요. 하지만 이 선택에는 정답이 없습니다. 아이의 성향, 부모의 마음, 가정의 여건을 모두 고려한 '우리 가족만의 리듬'이 있을 뿐입니다.

아이를 키우며 흔들렸던 순간들을 떠올려 보세요. 그때마다 내가 어떤 결정을 내렸는지, 어떤 마음으로 견뎠는지를 돌아보면 이번 선택의 방향이 자연스럽게 보일 것입니다.

결정을 내렸다면, 그 이유를 짧게라도 글로 기록해 보세요. 그 글은 앞으로 흔들릴 때마다 스스로를 붙잡아 주는 나침반이 됩니다. 그리고 가능하다면 그 결심을 친한 친구나 가족에게 말로 나누세요. '내가 이 선택을 했으니, 나중에 흔들리면 응원해줘'라고 미리 부탁해 놓으면 모두의 지지 속에서 힘차게 시작할 수 있을 것입니다.

휴직과 휴직하지 않는 상황 비교 예시

	휴직하기	휴직하지 않기
장점 (장점 극대화)	안정적인 시간 운영 (아이 케어와 나의 건강 챙기기)	안정적인 급여 및 커리어 유지 (급여를 통해 부족한 부분 채우기)
단점 (보완책)	엄마의 의존도 높아짐 (점점 스스로 할 수 있도록 독립 행동 비율 체크하기)	아이의 안정감 낮아짐 (일시적으로 업무량을 조절하거나 주변에 도움을 받는 방법 찾기)

1학년도 스마트폰을 사용하나요?

요즘에는 초등학교 1학년 중에도 핸드폰을 가진 아이들이 많습니다. 예전에는 손목시계처럼 생긴 키즈폰을 많이 사용했지만, 스피커폰의 특성상 통화 내용이 주변 사람들에게 공유되는 등의 이유로 점차 인기가 줄었습니다. 그 대신 스마트폰을 제한된 기능으로 사용하는 요금제가 등장하면서, 부모님들도 조금씩 스마트폰을 선택하기 시작했습니다.

하지만 저는 여전히 핸드폰 구입은 최대한 늦추는 것을 추천드립니다. 그 이유는 득보다 실이 많기 때문입니다.

학교 1층에는 대부분 콜렉트콜 공중전화기가 설치되어 있습니다. 아이에게 핸드폰이 없을 경우, 이 전화기를 이용해 필요할 때만 연락하는 습관을 들이면 좋습니다.

또한 학교에서는 수업 중 핸드폰 사용이 금지되어 있고, 연락이 필요한 경우에는 언제든 담임 선생님을 통해 연락할 수 있습니다. 즉, 학교생활만 놓고 보면 핸드폰이 꼭 필요한 상황은 많지 않습니다.

다만, 아이가 스스로 이동해야 하는 상황이 잦거나, 학원 등 외부 활동이 많아 안전이 걱정되는 경우라면 부모의 판단에 따라 구입을 고려할 수도 있습니다. 그럴 때는 무작정 사주는 대신, '핸드폰 사용에 대한 약속'을 먼저 만드는 과정이 꼭 필요합니다.

핸드폰을 사주기 전, 꼭 해야 할 세 가지

① "왜 필요한가?"를 함께 이야기하기

아이와 핸드폰이 꼭 필요한 이유에 대해 충분히 대화하세요. 아이들이 자주 하는 말 중 하나는 "나만 빼고 다 있어요!"입니다.

이 말에 바로 마음이 흔들리면, 앞으로 아이는 모든 물건을 살 때마다 같은 논리를 쓸 수 있습니다. 그래서 부모님은 반드시 알려주셔야 합니다.

"우리 집에서는 '모두가 한다'보다 '우리에게 필요한가'를 먼저 생각해."

이 대화 한 줄이 소비 습관의 기준을 세워 줄 것입니다.

② 사용 시간과 약속 정하기

학원 이동 등 실질적인 이유로 핸드폰이 꼭 필요하다면, 사용 시간과 앱 제한을 반드시 설정하세요.

· 사용 시간: 하루 몇 분 혹은 특정 시간대만 허용

· 사용 범위: 교육용 앱, 통화, 문자만 가능하도록

· 약속 불이행 시: 일정 기간 사용 중단 등 명확한 규칙 세우기

이 약속은 글로 적어서 눈에 보이는 곳에 붙여두는 것이 좋습니다. 가정의 원칙이 시각적으로 명확하면 아이가 더 잘 이해합니다.

③ 핸드폰 관리법 알려주기

아이들은 생각보다 기기 관리 능력이 부족합니다. 충전 타이밍을 놓치거나, 가방 속에서 분실하는 경우가 잦습니다. 핸드폰은 고가의 물건이므로, 개인 핸드폰 가방을 따로 구비하거나 집과 학교 간 보관 위치를 정해두는 습관을 들이세요. 핸드폰을 사주는 것보다 관리 습관을 함께 가르치는 것이 훨씬 중요합니다.

핸드폰은 단순한 기계가 아니라, 시간·관심·욕구를 조절하는 연습의 도구입니다. 아이에게 핸드폰을 언제, 왜, 어떻게 주는지는 부모가

세워주는 '가정의 가치 기준'을 보여주는 순간이기도 합니다.

핸드폰을 늦게 주는 것도, 일찍 주는 것도 괜찮습니다. 단, 부모가 먼저 기준을 세우고, 아이와 약속을 나누는 것이 훨씬 더 중요합니다.

1학년도 용돈이 필요한가요?

1학년에게 용돈을 주는 이유는 단순히 '무언가를 사 먹기 위해서'만은 아닙니다. 돈을 스스로 관리해보는 경험이 아이의 자립심과 경제 감각을 키워주기 때문이지요. 물론 혼자 이동하거나, 방과 후 혼자 있는 시간이 많은 아이라면 필요할 때 쓸 수 있도록 일정 금액의 용돈이 필요합니다.

하지만 저는 '경제 교육의 첫걸음'으로서 용돈을 주는 것을 추천드립니다. 작은 돈을 스스로 계획하고 사용해보는 경험은 아이의 삶에서 꼭 필요한 훈련이 됩니다. 용돈을 시작하기 전에는 부모와 아이가 함께 몇 가지 과정을 거치면 좋습니다.

첫째, 용돈의 목적을 함께 이야기하세요. 아이에게 먼저 "왜 용돈을 주는지" 이야기해 주세요.

돈은 '마음대로 쓰는 것'이 아니라 필요에 따라 계획적으로 사용하는 것임을 알려주세요. 아이가 아직 이 개념을 이해하기 어렵다면 조금 더 기다려도 괜찮습니다. 경제 교육은 서두르는 것보다 이해와 책임감이 생긴 시점에 시작하는 것이 좋습니다.

둘째, 용돈 기입장을 함께 써 보세요. 용돈 기입장은 아이에게는 쉽지 않은 일입니다. 그래서 처음에는 부모가 옆에서 함께 써주는 연습이 필요합니다. 매일 저녁 "오늘은 어디에 썼을까?" 하고 자연스럽게 대화를 나누며 기록해보세요. 조금 번거롭지만, 이 과정이 아이에게 돈의 흐름을 인식시키는 첫걸음이 됩니다. 기입장을 꾸준히 잘 작성했을 때는 '보너스 용돈'처럼 작은 보상을 주는 것도 좋은 동기 부여가 됩니다.

셋째, 용돈의 방식과 약속을 정하세요. 용돈의 금액과 주기, 지급 방식을 구체적으로 정해두면 혼란이 줄어듭니다.

- 금액: 아이의 나이와 상황에 맞춰 조정 (예: 주 1회 1,000원부터 시작)
- 주기: 매주 같은 요일, 혹은 특정 날로 고정
- 방식: 현금 또는 어린이 전용 체크카드 활용

요즘 은행에서는 부모가 입출금 내역을 확인할 수 있는 어린이 카드를 제공합니다. 현금을 자주 잃어버리는 아이에게 특히 유용합니다. 또한, 아이가 친구들에게 무심코 간식을 사주거나 돈을 나누어 주는 일이 없도록 '돈은 나를 위해 계획적으로 쓰는 것'이라는 원칙을 알려주세요.

『돈의 속성』의 저자 김승호 회장은 돈을 버는 능력, 모으는 능력, 유지하는 능력, 그리고 쓰는 능력 이 네 가지가 조화를 이룰 때 비로소 진짜 부자가 된다고 했습니다.

용돈 교육의 목표는 '돈을 잘 쓰는 아이'를 만드는 것이 아니라, 돈을 통해 삶을 계획할 줄 아는 아이로 자라게 하는 것입니다. 부모가 아이의 용돈 사용을 단속하기보다, 함께 대화하고 기록하며 배워가는 과정으로 만들어보세요. 그 경험은 훗날 아이가 스스로 경제적 자립을 꿈꿀 때 든든한 기반이 되어줄 것입니다.

단계별 용돈 교육 예시

단계	내용	관련된 능력
1단계	용돈 금액 및 저축액 정하기	돈을 모으는 능력
2단계	용돈 기입장 쓰기	돈을 쓰는 능력
3단계	저축액 투자하기	돈을 유지하는 능력
4단계	용돈을 직접 버는 방법 찾아보기	돈을 버는 능력

한글은 언제 떼어야 할까요?

찬바람이 불면, 매년 맘카페에는 어김없이 이 질문이 올라옵니다.

"한글, 입학 전에 떼야 하나요?"

작년에도, 재작년에도 수많은 댓글이 달렸지만 이 질문은 매년 반복됩니다. 그 이유는 단 하나입니다. 정답이 없기 때문입니다.

초등학교 1학년 국어 교육과정은 한글 해득(글자를 익히는 과정)에 초점을 두고 있습니다. 즉, 학교 수업만으로도 한글을 배울 수 있도록 설계되어 있다는 뜻이지요. 하지만 현실의 교실에서는 국어 외에도 수학, 통합 교과, 창의적 체험 활동이 동시에 진행됩니다. 문제는 이때부터 시작됩니다. 한글을 완전히 익히지 못한 아이들은 교과서의 문장을 읽고 이해하는 데 어려움을 느끼기 때문입니다. 국어 시간은 어느 정도 따라가더라도, 수학이나 통합 교과에서는 '문제를 읽지 못해' 혼란을 겪습니다. 그래서 많은 부모님들이 '한글은 그래도 미리 떼고 가는 게 낫다'고 말씀하십니다. 저 역시 이 부분에는 일정 부분 동의합니다. 그리고 지인들이 물어오면 한글을 떼고 입학하는 것이 좋다고 조언해줍니다.

그런데 제가 이런 조언을 하는 이유는 단순히 문자 인식 때문이 아닙니다. 바로 '공부 정서' 때문입니다. 한글을 이미 익힌 아이는 모르는 글자를 만나도 크게 당황하지 않습니다. 그러나 이제 막 글자를 알아보기 시작한 아이는 학교 곳곳에서 쏟아지는 문자 정보 앞에서 마치 '낯선 나라에 떨어진 사람'처럼 혼란을 느낍니다.

물론 글자를 하나씩 발견하는 재미를 찾아가는 것이 교육과정의 이상적인 목적이겠지만, 현장에서의 현실은 낯설음과 두려움이 더 많았습니다. 저 또한 받침 없는 그림책을 함께 읽고, 글자 없는 동화로 불안을 덜어주려 노력했지만, 그때 이미 마음이 위축된 아이를 다시 일으켜 세우는 일은 쉽지 않았습니다.

게다가 친구들이 무심코 던진 말 "너 아직 글자도 몰라?" 이런 한 마디가 아이의 마음을 크게 다치게 하기도 합니다. 이런 경험을 한 아이에게 공부는 즐겁다고 말해주기는 어렵습니다. 그래서 저는 그 이후로 한글을 익히고 학교에 가는 것을 '심리적 준비'의 한 과정으로 권하기 시작했습니다.

'난 이미 늦었어'보다는 '그래도 해볼 만하네' 하는 감정으로 출발

할 수 있다면 그게 훨씬 건강한 공부의 시작이니까요.

저는 한글 학습을 강요하거나, 사교육을 권하려는 마음으로 이 이야기를 드리는 것이 아닙니다. 오히려 '배움의 마음을 어떻게 시작하게 하느냐'가 더 중요하다고 믿습니다. 한글 해득은 그저 학습의 문을 여는 열쇠 중 하나일 뿐입니다. 아이의 마음이 긍정적이라면 조금 늦게 배우더라도 금세 따라잡습니다. 하지만 시작부터 불안하거나 위축된 아이는 배움 앞에서 쉽게 자신감을 잃습니다.

20여 년간 교단에 서며 수많은 1학년 아이들을 만났습니다. 그 아이들이 자라 중학생, 고등학생, 어른이 되어 찾아올 때마다 느낍니다. 공부를 잘한 아이들보다, 공부를 긍정적으로 대하던 아이들이 결국 잘 자라는 모습을 보입니다. 천 명에 가까운 제자들을 일일이 조사한 건 아니지만, 시간이 흘러 전해 들은 이야기 속에는 공통점이 있습니다. 바로 '배움이 즐겁다고 느꼈던 아이들'이 결국 좋은 결실을 맺는다는 것입니다.

그래서 저는 오늘도 부모님들께 이렇게 말씀드립니다.

"한글보다 더 중요한 것은, 아이가 배움을 좋아하도록 마음을 준비시키는 일입니다."

학교와 유치원은 어떻게 다른가요?

초등학교 입학을 앞두고 부모님들이 자주 물어보시는 질문이 있습니다.

"아이가 점심시간에 약을 먹어야 하는데, 담임선생님께 부탁드려도 될까요?"

유치원이나 어린이집에서는 '투약 의뢰서'를 써서 선생님께 약을 부탁하는 일이 가능했을 것입니다. 하지만 초등학교는 조금 다릅니다.

초등학교에는 '투약 의뢰서' 제도가 없고, 담임선생님이 아이에게 약을 대신 먹여줄 수도 없습니다. 이 말을 들으면 "왜 안 된다는 걸까?" 하고 의아하실 수 있습니다. 이것은 학교가 부모님께 부담을 주려는 것이 아니라, 아이의 안전을 지키기 위한 원칙 때문입니다.

초등학교 선생님은 아이를 가르치고 생활을 함께 돌보는 교육 전문가입니다. 하지만 약을 다루거나 투약을 돕는 일은 의료 행위에 해당합니다. 그래서 법적으로 교사가 학생에게 약을 직접 먹이거나 복용을 확인해주는 것은 허용되지 않습니다.

「학교보건법 시행령 제23조」에는 "학교에서 의약품을 관리·사용할 때에는 보건교사 또는 의료인의 지도를 받아야 한다."라고 되어 있습니다. 즉, 학교에서 약을 다룰 수 있는 사람은 간호사 면허를 가진 보건교사이고, 담임교사나 다른 교직원은 학생에게 약을 투여할 수 없습니다. 교육부와 여러 시·도교육청에서도 "의료인이 아닌 교직원은 학생에게 의약품을 투여할 수 없다"는 내용의 공문을 지속적으로 안내하고 있습니다. 이건 전국의 모든 초등학교가 따르는 공통 원칙입니다.

예외가 있다면, '응급 상황'과 '보건교사 관리 하의 투약'입니다. 예를 들어 당뇨병, 천식, 알레르기, 간질 등과 같이 응급 시 즉시 약을 사용해야 하는 학생은 보건교사와 보호자가 미리 협의하여 약을 학교에 보관할 수 있습니다. 보건교사는 간호사 면허가 있는 의료인으로, 이 경우에 한해 학생의 안전을 위해 약을 관리하거나 응급 투약을 돕습니다.

실제로 교육부의 「학생건강증진 기본방향(2025)」에서도 "초등학교

저학년이나 자가 주사가 어려운 학생의 경우, 보건교사가 학부모의 동의와 의사 처방 아래 인슐린 주사를 지원할 수 있다"고 명시되어 있습니다. 즉, 특별한 질환이나 응급 상황에서는 학교에서도 약을 보관·관리할 수 있지만, 그 역할은 어디까지나 보건교사의 영역이라는 점을 꼭 기억해 주시기 바랍니다.

요즘 많은 소아과에서도 이러한 학교의 원칙을 알고 있습니다. 그래서 대부분 하루 두 번 복용하는 형태로 약을 처방합니다. 하지만 부득이하게 하루 세 번 복용해야 하는 약이라면 아래와 같이 시간을 조정해 주시면 좋습니다.

· 아침: 등교 전
· 점심: 하교 직후
· 저녁: 자기 전

의사 선생님께 학교에서는 투약이 어렵다고 말씀드리면 대부분 안전하게 투약 시간 조정을 도와주실 것입니다.

학생 이해 조사서 (학생 상담 기초 조사서)는 뭐죠?

매년 학기 초, 담임선생님께 제출해야 하는 학생 이해 조사서는 아이를 잘 아는 부모라 해도, 막상 받아 들면 쉽지 않습니다. 저 역시 매년 수많은 아이들의 서류를 받아보지만, 정작 내 아이의 조사서를 쓸 때는 한참을 망설이게 됩니다. 그럼에도 우리는 부모이기에, 아이를 위해 한 줄 한 줄 정성껏 써 내려가야겠지요. 지금부터 이 서류를 쓸 때 도움이 되는 꿀팁 세 가지를 소개합니다.

① 솔직하게 쓰세요.

아이의 성격과 관심사를 솔직하고 구체적으로 적는 것이 가장 중요합니다.

"우리 아이는 솔직합니다."보다는 "우리 아이는 자신의 실수도 편안하게 친구들에게 이야기할 만큼 솔직합니다."처럼 생활 속 예시를 함께 적으면 선생님이 훨씬 입체적으로 이해할 수 있습니다.

또한, 주의력·정서·건강 관련 정보도 숨기지 말고 알려주세요. 예를 들어 ADHD나 정서 불안 등 특별한 상황이 있다면 담임선생님이 아이를 도와줄 수 있도록 미리 공유하는 것이 좋습니다. 지면으로 적기 어렵다면, 학교 방문이나 유선 상담을 통해 직접 말씀드리는 것도 괜찮습니다. 교사에게는 '완벽한 아이'보다 '상황을 잘 이해하고 솔직하게 설명해주는 부모'가 더 큰 도움이 됩니다.

② 다정하게 쓰세요.

이 서류는 담임선생님이 부모님을 처음 만나는 지면입니다. 글은 말보다 온기를 전하기 어렵기 때문에, 의식적으로 다정하게 쓰는 것이 좋습니다.

"우리 아이의 첫 선생님이 되어주셔서 감사합니다."

"학교생활에 잘 적응할 수 있도록 도와주세요."

이런 문장은 교사에게도 큰 격려가 됩니다. 걱정을 표현할 때도 말투를 바꿔보세요.

"우리 아이가 집중력이 떨어져서 걱정입니다."라는 표현보다는 "작은 일에도 몰입하고 집중하는 1학년 생활을 기대합니다. 선생님, 많이 도와주세요."라는 표현이 더 좋습니다.

걱정보다는 기대와 신뢰의 언어가 담긴 문장이 읽는 사람의 마음을 열고, 교사와의 관계를 부드럽게 만들어 줍니다.

③ 가족과 함께 공유하세요.

가능하다면 작성 전, 부모끼리 상의하는 것도 좋습니다. 이 과정에서 서로가 우리 아이를 어떻게 바라보는지 새롭게 발견하게 됩니다. 무엇보다 다 쓴 뒤에는 아이에게 보여주세요.

"엄마·아빠가 선생님께 이렇게 너를 소개했어."

이렇게 말해주면, 아이는 부모가 자신을 어떻게 믿고 바라보는지 느낍니다. 그 과정에서 아이 스스로 "나는 이런 부분을 더 잘해야겠구나." 하고 깨닫게 됩니다.

저는 매년 학기 초, 이 조사서를 참고해 아이와 상담을 합니다. 그런데 놀랍게도 많은 아이들이 이렇게 말합니다.

"선생님, 사실 저는 엄마가 써 준 거랑 좀 달라요."

부모가 적은 내용과 아이가 느끼는 모습이 다를 수 있다는 뜻이지요. 그래서 이 서류는 '교사에게 제출하기 위한 글'이라기보다, 가족 간의 대화와 이해를 위한 첫 기록이라고 생각하면 좋습니다. 학생 이해 조사서는 예쁜 글씨로 잘 쓰는 게 목적이 아닙니다. 가족이 함께 아이를 바라보고, 이해하고, 성장의 방향을 정하는 문서입니다.

엄마가 학교에 꼭 가야 하는 날이 있나요?

상담, 공개 수업, 학부모 총회……. 물론, 모두 참석할 수 있다면 가장 좋습니다. 하지만 현실적으로는 쉽지 않지요. 그래서 저는 이렇게 말씀드립니다.

"상황이 여의치 않다면, 상담을 1순위로 두세요."

많은 학부모님들이 학교를 '자신의 학생 시절 경험'을 기준으로 상상합니다.

"학교는 원래 이런 곳이야."

"선생님은 이런 말을 싫어하실 거야."

그런데 이런 추측과 기억의 필터는 현재의 학교와 교사를 오해하게 만들 때가 많습니다. 학생으로서의 기억과 학부모로서의 경험은 전혀 다릅니다. 이제는 학부모로서 새롭게 학교를 이해해야 할 때입니다. 그 첫걸음이 바로 담임교사와의 상담입니다. 상담을 통해 '우리 아이가 어떤 환경에서 배우는지', '교사는 어떤 방식으로 아이를 바라보는지'를 직접 듣는 것이 무엇보다 큰 도움이 됩니다.

최근에는 예전처럼 '상담주간'을 운영하지 않고 상시 상담 제도를 활용하는 학교가 많습니다. 이 경우 사전 연락이 필수입니다.

"선생님, 혹시 오늘 오후에 통화 가능하실까요?" 보다는 "선생님, 이번 주 수요일이나 목요일 오후 4시쯤 아이의 학교 적응에 대해 상담 가능하실까요?"라는 구체적인 표현이 좋습니다. 두 번째 문장처럼 시간과 주제, 목적을 명확히 제시하면 교사 입장에서도 훨씬 원활히 준비할 수 있습니다.

T·P·O(Time, Place, Occasion)는 '시간·장소·상황'에 어울리는 의상의 선택을 뜻합니다. 이 개념을 상담에도 적용해 보면 좋습니다.

① Time (시간)

상담 희망 시간을 1~2개 정도 제시하세요. 가능하면 수업이 끝난 방과 후로 요청하세요. 교사에게는 회의나 출장이 있을 수 있으니 유연한 선택지를 주는 것이 좋습니다.

② Place (장소)

유선 상담인지, 학교 방문 상담인지 미리 알려주세요. 방문 시에는 교문 입구나 현관에서 외부인 출입증을 받고 교실로 가시면 됩니다.

③ Occasion (상황)

상담의 목적을 명확히 하세요. 대부분은 아이에게 문제가 생겼을 때 연락하지만, 그 순간의 감정으로 즉시 상담을 요청하는 것은 좋지 않습니다. 부모가 들을 준비가 되어 있지 않고, 교사가 말할 준비가 되어 있지 않은 상태에서의 상담은 오히려 상처를 남길 수 있습니다.

충분히 마음을 가라앉힌 뒤, "이 문제를 함께 해결하고 싶어요."라는 태도로 접근할 때 비로소 진짜 상담이 시작됩니다.

제가 추천하는 상담은 문제가 없을 때 하는 상담입니다. 예를 들어, "우리 아이가 늘 리더를 맡고 싶어 해서 고민이에요." 하면서 아이의 성향을 미리 나누고 가정과 교실이 함께 지도 방향을 정한다면, 그 상담은 예방적이고 성장 중심적인 대화가 됩니다.

한 달쯤 뒤, 다시 만나서 그동안 어떤 변화가 있었는지 함께 돌아본다면 그 시간은 부모, 교사, 아이 모두에게 '함께 성장한 시간'이 됩니다.

학부모 총회는 학교의 전반적인 운영 방향과 학급 방침을 이해할 수 있는 자리입니다. 가능하면 1학기 초 한 번은 참석하는 것이 좋습니다. 공개 수업은 아이에게 '부모가 내 학교생활에 관심이 있다'는 신호를 주는 기회입니다. 모든 행사에 다 참석하지 못하더라도, "선생님께 네가 발표하는 모습이 멋지다고 들었어. 칭찬을 정말 많이 하시더라." 하면서 이렇게 관심을 표현하는 한마디만으로도 충분합니다.

학부모의 학교 참여는 '얼마나 자주 갔느냐'보다 '어떤 마음으로 참여했느냐'가 더 중요합니다. 모든 일정에 빠짐없이 참여하지 못해도 괜찮습니다. 단 한 번의 참석이라도 그 이후 아이와 깊은 대화를 나누는 것이 더 중요합니다.

요즘도 소풍과 운동회가 있나요?

네, 있습니다. 다만 예전과는 명칭이 조금 다릅니다. 소풍은 '현장 체험학습', 운동회는 '체육대회'라는 이름으로 바뀌어 운영되고 있습니다.

제가 교사가 된 20여 년 전만 해도 학교는 '행사'로 가득했습니다. 봄에는 소풍, 가을에는 운동회, 겨울에는 학예회까지 행사가 교육의 중심에 있었다고 해도 과언이 아니었습니다.

당시에는 '보여주는 행사'가 중요했습니다. 행사를 위해 교육과정이 조정되는 것도 자연스러운 일이었지요. 하지만 지금은 시대가 바뀌었습니다. 교육의 중심이 '가르침(Teaching)'에서 '배움(Learning)'으로 옮겨갔습니다. 이제는 "무엇을 보여주었는가"보다, "이 활동을 통해 학생이 무엇을 배우고 성장했는가"를 더 중요하게 생각합니다.

그래서 오늘날의 학교는 '행사를 위한 행사'가 아니라 '배움이 있는 행사'를 지향합니다. 행사의 규모가 줄어든 이유도 여기에 있습니다.

부모님 세대가 기억하는 성대한 운동회나 대형 소풍이 사라져 아쉬울 수 있지만, 이 변화는 모두 '학생 중심 교육과정'의 일부입니다. 요즘 교사들은 학생이 배우고, 느끼고, 성장하는 과정을 중심에 두고 모든 활동을 기획합니다.

매년 2월 말에서 3월 초, 학교 홈페이지에는 '학사력'이 공지됩니다. 학사력에는 한 해 동안의 주요 학교 행사가 모두 표시되어 있습니다. 새 학기 전, 꼭 학사력을 확인해 캘린더에 주요 일정을 미리 입력해 두세요. 이렇게 해두면 학교 행사나 준비물, 체험학습 일정 등을 보다 여유 있게 준비할 수 있습니다.

요즘 학교는 대부분 종이 안내장 대신 안내장 앱을 사용합니다. 학기 초에 담임선생님을 통해 어떤 앱을 사용하는지 안내받게 될 것입니다. 그 앱은 단순한 알림용이 아니라, 학교의 모든 공식 소식과 회신이 이루어지는 필수 소통 도구입니다. "나중에 해야지" 하다가 놓치면 중요한 일정이나 서류를 빠뜨릴 수 있습니다. 가끔은 여전히 종이 안내장이 발송될 때도 있습니다. 그럴 때는 귀찮아하지 마시고 꼭 주목해 주세요.

'이건 정말 중요한 내용이라서 굳이 종이로 보내셨구나.'

이렇게 생각하시면 됩니다. 그런 안내장은 빠르게 회신해주시면 담임선생님께 정말 큰 도움이 됩니다.

학교에서 하라는 검사가 많은데요?

네, 맞습니다. 입학 후 받는 각종 검사는 처음엔 조금 낯설게 느껴질 수 있습니다. 하지만 걱정하지 않으셔도 됩니다. 이 모든 검사는 아이의 건강과 정서적 안정을 살피기 위한 과정입니다. 쉽게 말해, 7세 이전에 받았던 영·유아 건강검진의 연장선이라고 생각하시면 됩니다.

이 검사는 「학교보건법 제7조」에 근거해 초등학교 1학년과 4학년에게 의무적으로 시행됩니다.

다만, 학교가 지정한 기간과 병원에서 진행된다는 점이 다릅니다.

① 신체 검사

신체 검사는 아이의 성장 상태를 전반적으로 점검하는 검사입니다. 다음과 같은 항목이 포함됩니다.

· 키, 몸무게, 비만도

· 시력, 청력

· 혈압, 소변

· 결핵 검사

구강 검사는 치과에서 별도로 진행되는 경우가 많습니다. 학교에서 안내장이 나오면 되도록 빠른 시일 내에 검사 예약을 해주세요. 늦게 예약하면 검진 일정이 마감되어 병원 예약이 어려워질 수 있습니다. 또한, 담임선생님께서 '검사 종료 여부'를 확인하셔야 하기에 행정적으로도 번거로워질 수 있습니다.

검진 결과는 대부분 병원에서 학교로 바로 송부됩니다. 다만 일부 학교에서는 결과 입력을 위해 서류 제출을 요청하기도 하니, 병원에서 발급한 자료는 잠시 보관해두는 것이 좋습니다.

참고로 검진 병원은 여러 학교 학생들을 대상으로 운영하기 때문에 학교별 검진 기간이 정해져 있습니다. 되도록 기한 내 빠르게 참여하는 것이 가장 좋습니다.

② 학생 정서·행동 특성 검사

이 검사는 아이의 심리적 안정과 행동 특성을 살피기 위한 검사입니다. 온라인으로 실시되며, 결과는 개별적으로 학부모님께 전달됩니다. 검사 결과에 따라 일정 기준 이상일 경우 '관심군'으로 분류될 수 있습니다. 이 경우에는 학교에서 전문가 지원 프로그램을 안내받게 됩니다.

예를 들어, '정신건강전문가 학교지원사업'과 같은 제도를 통해 심리 상담이나 정서 지원이 제공됩니다. 혹시 관심군으로 판정되어 개별 안내를 받으셨더라도 너무 걱정하지 않으셔도 됩니다. 이 제도는 '조금 더 도움이 필요한 학생을 미리 돕기 위한 예방 시스템'입니다. 실제로 이러한 지원을 받은 학생들은 학교생활에 더 빨리 적응하고, 정서적으로 안정되는 경우가 많습니다. 저는 가능하다면 이러한 지원을 적극적으로 활용하시길 권해드립니다.

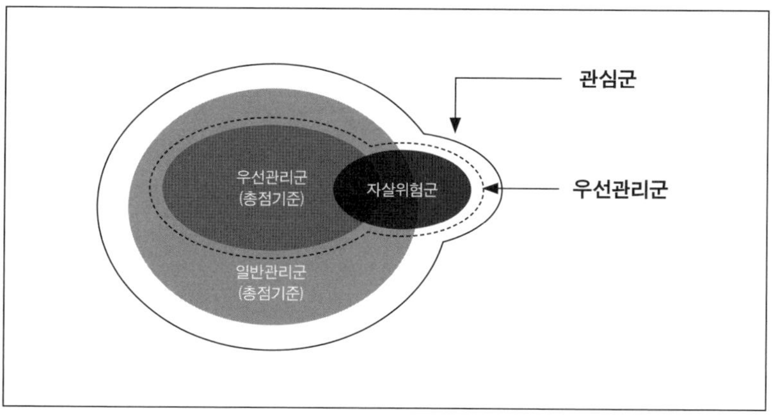

학생 정서·행동 특성 검사 판정 구분(출처: 학생정신건강지원센터)

검사라는 단어가 주는 무게감 때문에 부모님들이 때로는 불안해하시기도 합니다. 하지만 이 검사는 아이의 건강을 '판단'하려는 것이 아니라, 학교와 가정이 함께 아이를 더 잘 이해하기 위한 과정입니다. 결과가 어떤 방향으로 나오든 그건 아이의 '성장 지도'를 그려주는 하나의 정보일 뿐입니다. 부모가 그 정보를 열린 마음으로 받아들이면, 학교도 정성껏 도와드립니다.

현행 교육과정은 무엇인가요?

'2022년 개정 교육과정'이라는 단어가 2026년에 살고 있는 우리에게는 조금 낯설게 들리실지도 모릅니다. 하지만 이 명칭은 '2022년에 개정된 교육과정'이라는 뜻입니다. 즉, 아직 시행된 지 3~4년밖에 되지 않은 최신 교육과정입니다.

교육부는 시대 변화에 따라 교육의 방향이 달라져야 할 필요가 있을 때 전문가와 교사, 학부모, 학생의 의견을 수렴해 교육과정을 새로 만듭니다. 그 과정에는 수많은 연구와 논의, 실험, 검토가 이어지지요. 이렇게 만들어진 새로운 교육과정은 우리 아이들이 살아갈 세상을 대비할 수 있도록 새롭게 정비하는 국가 차원의 약속입니다.

교육과정이 개정되면 교육의 목표, 교과 구성, 학습 내용, 교과서까지 모두 바뀝니다. 따라서 교사들은 매년 연수를 통해 새로운 교육과정을 배우고 현장에 적용합니다.

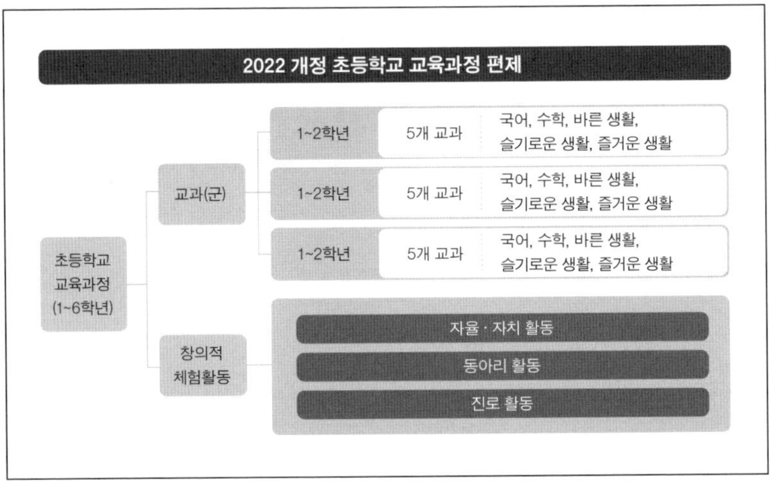

출처: 교육부

2022 개정 초등학교 교육과정은 크게 '교과'와 '창의적 체험활동' 두 영역으로 구성되어 있습니다. 1~2학년은 그 안의 5개 교과를 배웁니다. 이 중 '바른 생활', '슬기로운 생활', '즐거운 생활'은 묶어서 '통합 교과'라고 부릅니다. 즉, '바른 생활', '슬기로운 생활', '즐거운 생활'이라는 교과서가 따로 있는 게 아니라, 교과서 한 권 안에 세 가지 요소가 통합적으로 녹아 있는 형태라고 생각하시면 됩니다. 위에서 설명한 1학년 교과서 명칭은 다음과 같습니다.

1학년 교과서 명칭

분류	교과서 명칭
국어	(1학기) 국어1-1㉮, 국어1-1㉯, 국어활동1-1 (2학기) 국어1-2㉮, 국어1-2㉯, 국어활동1-2
수학	(1학기) 수학1-1, 수학익힘책 1-1 (2학기) 수학1-2, 수학익힘책 1-2
통합교과	(1학기)학교, 사람들, 우리나라, 탐험, (2학기)하루, 약속, 상상, 이야기
창의적 체험활동	교과서 없음

모든 교과서는 학교에서 무상으로 배부됩니다. 대부분의 교과서는 학교 사물함에 두고 다니지만, 수학과 수학 익힘책은 자주 활용되므로 가정에서 챙겨두는 것이 좋습니다.

학교마다, 교사마다 교과서를 활용하는 방식이 조금 다릅니다. 어떤 선생님은 수업 시간에 익힘책을 함께 풀이하기도 하고, 어떤 선생님은 숙제로 내주시기도 합니다. 이건 교사의 수업 방식 차이이므로 담임 선생님의 안내에 따르시면 충분합니다.

다만 매일 들고 다니기 힘들다면 별도로 수학 교과서를 구입해 두는 방법도 있습니다. 교과서를 판매하는 일반 서점이나 온라인의 한국교과서협회 쇼핑몰을 통해 구매할 수 있습니다.

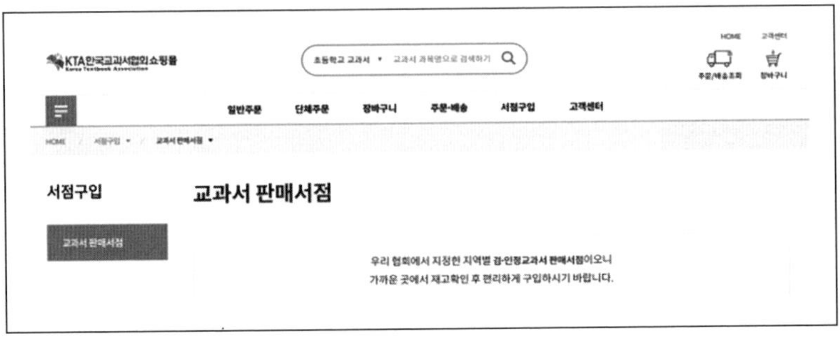

한국교과서협회 쇼핑몰

교육과정의 개정은 시대의 언어가 바뀌는 일입니다. 아이들이 살아갈 세상이 달라지기 때문이지요. 2022 개정 교육과정은 그 세상 속에서 아이들이 스스로 배우고, 연결하고, 성장하는 힘을 기를 수 있도록 설계되었습니다. 교실의 모습이 예전과 다르게 느껴지더라도, 그 변화 속에는 언제나 한 가지 공통된 목표가 있습니다.

"우리 아이가 더 주체적으로 배우고, 더 즐겁게 성장하도록 돕는 것."

그것이 바로 교육과정이 개정되는 이유입니다.

2장

입학식 전까지 준비해야 할 것들

입학 전에 학교 방문하기

입학 전에 학교를 방문할 수 있는 가장 좋은 기회는 바로 예비 소집일입니다. 앞에서 말씀드린 것처럼, 예비 소집일은 공식적으로 학교 내부를 둘러볼 수 있는 소중한 기회입니다. 이날은 단순한 행정 절차의 날이 아니라, 아이와 부모가 함께 학교를 처음으로 경험하는 마음의 출발점입니다.

집을 나서는 순간부터 부모님의 역할이 시작됩니다. 먼저, 아이에게 물어보세요.

“학교에 가는 게 어떤 기분이야?”

그 대답이 기대일 수도, 걱정일 수도 있습니다. 무엇이든 괜찮습니다. 일단은 그 감정을 그대로 들어주시고, 그다음에 조금씩 긍정적인 감정으로 이끌어 주세요. 학교로 향하는 길은 아이가 앞으로 매일 다니게 될 등교 코스로 선택해 주세요. 조금 멀더라도 스스로 걸어 볼 수 있도록 하고, 걸으며 아이의 손을 꼭 잡고 함께 이야기해 주세요. 그 짧은 길 위에서 아이는 학교를 처음으로 체험하게 됩니다.

학교에 도착하면 만나는 모든 사람에게 부모님이 먼저 밝게 인사해 주세요. 아이들은 부모의 행동을 그대로 따라 합니다. 저의 경험상, 예비소집 날에 밝게 인사하는 아이는 생각보다 드뭅니다. 대부분은 부모님 뒤에 숨곤 하지요. 하지만 부모가 먼저 환하게 인사하면, 아이도 자연스럽게 용기를 냅니다. 이것은 단순한 인사가 아니라 학교와의 첫 관계 맺기입니다. 물론 인사에 익숙하지 않은 아이를 다그칠 필요는 없습니다. 부모님이 먼저 실천해 주시면 충분합니다.

예비소집 업무를 마친 후에는 학교 안을 천천히 둘러보세요.

· 화장실 : 아이가 스스로 이용할 수 있도록 안내해 주세요. 통합교과 시간에도 '학교 화장실 이용법'을 배우지만, 부모님이 함께 차근차근 설명해 주는 경험은 훨씬 큰 도움이 됩니다.
· 콜렉트콜 전화기 : 1층이나 현관 근처에 있습니다. 실제로 위치를 확인하고, 사용할 수 있는 상황을 설명해 주세요. "이건 정말 꼭 필요할 때만 쓰는 전화야." 이렇게 말해 주면 아이가 '긴급상황의 개념'을 자연스럽게 배웁니다.

· 보건실과 도서관 : 보건실은 위치만 알아두세요. 도서관은 사서 선생님께 양해를 구하고 잠깐 둘러보며 "감사합니다." 하고 인사하는 것도 좋은 경험이 됩니다.

· 돌봄·늘봄 교실 : 혹시 늘봄 학교를 신청할 예정이라면, 실제 공간을 미리 보고 담당 선생님께 간단히 문의해 보세요.

돌아올 때는 아이를 앞세워 혼자 걷게 해 주세요. 부모님은 두세 발짝 뒤에서 조용히 따라오며 아이의 걸음과 표정을 살펴보세요. 마치 자전거를 가르칠 때처럼, 뒤에서 누군가 나를 지켜보고 있다는 신호만 주면 됩니다. 이것은 단순한 연습이 아니라 자립의 첫걸음이자 부모와 아이가 함께 불안을 성취로 바꾸는 순간입니다.

집에 도착하면 아이를 포근히 안아 주세요.

"오늘 너무 잘했어. 앞으로도 잘할 거야!"

이 한마디와 함께 따뜻한 포옹, 그리고 박수를 보내 주세요. 그 순간, 아이의 마음속에서는 성취의 꽃이 피어납니다. 엄마와 아이의 작은 하루가 앞으로의 학교생활 전체를 밝히는 첫 기억이 될 것입니다.

입학 전 쇼핑리스트

입학을 앞두면 설레는 마음에 이것저것 사고 싶어집니다. 하지만 저는 그 마음에 살짝 찬물을 끼얹고 싶습니다. 많은 업체들이 그 설렘을 이용해 '입학 준비 세트', '국민템' 같은 이름으로 과도한 소비를 유도하기 때문입니다. 쇼핑 전, 꼭 한 번만 이렇게 물어보세요.

"이 물건이 우리 아이에게 꼭 필요한가?"

입학 전 준비물은 생각보다 단출합니다. 지금부터 꼭 필요한 다섯 가지를 함께 살펴보겠습니다.

① 책가방과 실내화 주머니

가방은 반드시 아이와 함께 직접 가서 고르세요. 부모님들은 '오래 써야 하니까 튼튼하고 비싼 걸로' 생각하시지만, 사실 초등 6년 동안 한 개의 가방을 쓰는 아이는 거의 없습니다. 대부분은 1~2학년용 가방을 쓰다가, 3학년부터는 더 가볍고 유연한 가방으로 바꿉니다. 그래서 고가의 가방은 굳이 필요하지 않습니다.

그 대신 꼭 확인해야 할 것은 체스트 벨트입니다. 어깨끈과 어깨끈을 연결해주는 벨트가 있으면 아이의 어깨 부담을 크게 줄일 수 있습니다. 만약 가방에 없을 경우, 인터넷에서 따로 구입해 박음질로 고정해 주세요.

② 필통과 필기구

너무 화려하거나 소리 나는 필통보다는 가볍고 천으로 된 필통이 좋습니다. 연필은 3~5자루면 충분하고, 빨간 색연필과 네임펜 정도를 함께 넣어 주세요. 저는 아들이 입학할 즈음 유행하던 '공구 필통'을 샀던 적이 있습니다. 무겁고 크지만 한눈에 보기엔 참 멋졌죠. 그런데 며칠 지나지 않아 아이가 무거워서 싫다고 하더라고요. 결국 다이소에서 가벼운 필통을 다시 사왔습니다.

비싼 필통 하나보다, 가벼운 필통 두 개를 준비하세요. 하나는 학교에 두고, 하나는 여분으로 사용하면 좋습니다. 필통에 들어가는 아주 작은 연필깎이는 추천하지 않습니다. 아이들이 자리에서 연필을 깎는 습관이 들기 전에는 연필 가루가 쏟아져 불편해지기 때문이에요. 대신, 집에 돌아온 뒤 연필을 스스로 깎는 습관을 만들어 주세요.

③ 물통

학교에는 정수기가 있지만, 개인 물통을 준비하는 것이 좋습니다. 아이마다 물을 마시는 양이 다르고, 날씨나 체질에 따라 온도 조절이 필요하기 때문이에요. 보온·보냉이 가능한 물통, 그리고 입구가 좁은 원터치형을 추천드립니다. 가방 옆 주머니에 넣을 수 있다면 가장 편하지만, 없을 경우에는 물통 주머니를 따로 준비하세요.

④ 스티커 이름표

이름표는 아무리 강조해도 부족하지 않습니다. 연필, 색연필, 물통, 손수건, 신발, 실내화 주머니, 옷까지 거의 모든 물건에 이름표를 붙여 주세요. 아이들은 생각보다 물건을 자주 잃어버립니다. 물건을 잘 챙기는 것도 중요하지만, 잃어버렸을 때 찾는 경험을 배우는 것도 중요합니다. 특히 사인펜과 풀에는 뚜껑에도 이름표를 붙여 주세요. 교실에서 가장 많이 잃어버리는 물건이 바로 그것입니다. 그리고 아이에게 꼭 알려 주세요.

"사인펜은 쓰고 나면 뚜껑을 꼭 닫는 거야."

이 작은 습관 하나가 학기 초의 혼란을 크게 줄여 줍니다.

놀랍게도 입학 전에 꼭 사야 할 물건은 여기까지입니다. 왜냐하면, 입학 후 담임선생님께서 필요한 물품을 안내장으로 구체적으로 안내해 주시기 때문입니다. 그래서 저는 이렇게 말씀드리고 싶습니다.

"입학 전 쇼핑은 1차전일 뿐이에요. 진짜 쇼핑은 입학 후 시작됩니다."

1차 쇼핑에서 너무 힘을 빼지 마세요. 에너지를 아껴 두셨다가 학교 생활이 시작된 뒤 '정말 필요한 물건'을 현명하게 고르시면 됩니다.

학습 준비물 안내

1) 모든 물건에는 이름을 쓰며, 준비물은 3월 6일 월요일까지 꼭 챙겨 보내 주시기 바랍니다.

분류	교과서 명칭	☑	참고사항
공책	알림장, 줄 공책 1권		*미니빗자루는 너무 작은 것은 아이들이 사용하기 불편하니 어른 손바닥 보다 큰 사이즈로 준비해주세요. 그리고 책상 고리가 크므로 미니빗자루, 쓰레받기 각각 끈으로 고리를 만들어 옵니다.
필기도구 (필통 안)	깎은 연필 3~5자루, 지우개1		
	3색 볼펜1, 형광펜1, 검은색 네임펜1		
	빨간 색연필1(채점용, 볼펜으로 대체 가능)		
	자1(15cm), 가위, 풀 (칼은 가져오지 않습니다.)		
사물함	색칠도구 (색연필, 싸인펜, 마카펜 등 각자 취향에 맞게)		
	뚜껑 있는 100매 물티슈 1개, 갑티슈 1개		
책상 고리	미니빗자루 세트		
가방 안	여분 마스크		
	마실 물		
	L자 파일 (안내장 보관용·교사 제공)		

***모든 학용품에는 네임스티커나 네임펜으로 꼭 이름 쓰기**

학습 준비물 안내장 (예시)

입학식 준비하기

입학식은 아이에게도, 부모님에게도 인생의 첫 공식 행사입니다. 그날 아침의 모습을 한번 상상해볼까요?

분주하게 옷을 입히고, 서류를 챙기고, 조부모님께 연락도 해야 하고…….

아마 정말 정신이 없을 겁니다. 그래서 진짜 중요한 건 입학식 '전날'의 준비입니다.

입학식 전날 체크리스트

① 입학식 날 입을 옷 준비하기

아이에게 불편한 옷은 피해주세요. 아이들이 낯선 공간에서 오래 앉아 있어야 하므로, 단정하면서도 움직이기 편한 옷이 좋습니다. 예쁘게 보이기보다, 편하게 웃을 수 있는 옷이 좋습니다.

② 책가방에 필기도구와 제출 서류 챙기기

입학식 날은 아이가 직접 준비할 수 있는 첫 기회입니다. 필기도구와 제출 서류를 직접 가방에 넣게 해주세요. 그리고 학교에 도착했을 때, 아이 스스로 담임선생님께 서류를 제출하도록 해주세요. 작은 일이지만, 아이는 스스로 첫 걸음을 뗀 것입니다.

③ 담임선생님께 인사 연습하기

"안녕하세요. 저는 ○○○입니다!" 이 한마디는 교사와 학생이 처음 맺는 인사이자, 아이의 학교생활 첫 대화입니다. 부모님이 먼저 시범을 보이시고, 아이에게 큰 목소리로 자신 있게 말해보도록 도와주세요. 그 밝은 인사 한마디가 선생님 마음에 오래 남습니다.

④ 일어날 시간 정하고 알람 맞추기

전날 밤에는 아이와 함께 일어날 시간을 정하고, 아이 스스로 알람을 맞춰보게 해주세요.

"내일은 네가 직접 일어나서 준비해볼까?"

이 한마디가 아이에게 학교 생활의 주체가 되는 첫 연습이 됩니다.

⑤ 아침과 점심 메뉴 이야기 나누기

입학식 날은 아침부터 긴장되기 마련입니다. 그래서 무엇을 먹을지 미리 정해두는 것도 중요합니다.

"아침엔 네가 좋아하는 미역국, 점심엔 가족이랑 근처 식당에서 축하 식사 어때?"

이렇게 대화하면서 아이의 긴장을 설렘으로 바꿔 주세요.

입학식 당일의 일정은 미리 학교에서 받은 안내장에 상세히 나와 있을 거예요. 생각보다 행사가 길기 때문에 아이들이 중간에 지치거나 집중하기 어려워할 수 있습니다. 그럴수록 부모님의 표정과 에너지가 중요합니다. 아이의 시선에는 언제나 부모님이 있습니다. 따뜻한 눈빛으로 아이를 바라봐 주세요. 그 시선이 아이의 긴장을 가장 크게 풀어 줍니다.

입학식이 끝난 뒤엔 이제 진짜 초등학생이 된 순간입니다. 아이를 꼭 안아 주고, "이제 진짜 초등학생이네! 너무 자랑스러워!"라고 말해 주세요.

그리고 교문 앞이나 포토존에서 사진을 남겨 두세요. 이때 찍은 사진은 나중에 졸업할 때 같은 장소에서 찍으면 감동적인 비교 사진이 됩니다.

안전한
등하교 방법 익히기

초등학교 생활의 시작은 안전한 등·하교 습관에서부터입니다. 학교는 매일 오가는 공간이지만, 아이에게는 아직 작은 세상 속의 큰 길이지요. 그래서 입학 전부터 부모님과 함께 '안전한 길'을 익혀 두는 것이 중요합니다.

도로교통법에 따라 어린이 보호구역 내에서는 주·정차가 전면 금지되어 있습니다. 따라서 가능하다면 도보로 등·하교하는 것이 가장 안전합니다. 다만, 부득이하게 차량을 이용해야 한다면 학교 주변의 차량 흐름을 방해하지 않는 곳에서 잠시 정차 후 신속하게 승·하차할 수 있도록 도와 주세요. 차 문을 여닫는 순간에도 뒤에서 오는 차량이 있을 수 있으니 반드시 잘 살피게 해 주세요. 또한 고학년이 되면 자전거를 타고 오는 학생들도 많지만, 대부분의 학교는 학생의 안전과 자전거 도난 방지를 위해 자전거 등·하교를 제한합니다. 이 점도 미리 알고 계시면 좋습니다.

학교에서는 매주 '안전 교육' 시간을 배정해 학생들에게 보행·생활 안전을 지속적으로 지도합니다. 하지만 가정에서의 반복 학습도 중요합니다. 특히 예비소집일에 함께 등·하교길을 걸어본 경험이 있다면, 그 길을 다시 떠올려 보는 활동을 추천합니다.

'○○이의 학교 가는 길' 활동하기

식탁이나 거실, 혹은 카페처럼 편안한 곳에서 종이 한 장을 꺼내 이렇게 해보세요.

1. 부모님이 먼저 학교에서 집까지의 큰 골목길을 그립니다.
2. 아이가 색연필로 본인이 걷는 길을 따라 선을 긋게 합니다.
3. 횡단보도, 신호등, 공원, 편의점 같은 지점을 표시하게 합니다.
4. 스티커를 꺼내 "이곳은 왜 중요할까?" 하고 물어보세요.
5. 아이가 대답하면 칭찬해주고, 어려워하면 이유를 설명해주세요.

이 활동을 통해 아이는 길을 '외우는 것'이 아니라 길 위의 위험을 인식하고 대처하는 힘을 배우게 됩니다. 활동이 끝나면 아이를 꼭 안아주세요. 그리고 이렇게 말해주세요.

"○○이의 안전이 엄마의 행복이야."

이 말은 단순한 사랑의 표현이 아니라, 아이에게 안전을 지키는 일이 사랑의 표현임을 알려주는 교육이 됩니다. 매일 걷는 등·하교길이 아이에게는 '작은 독립의 길', 부모님에게는 '안심의 길'이 되기를 바랍니다.

학교 가기 싫어할 때 대처하기

사실 진짜 전쟁(?)은 입학식 다음 날부터 시작됩니다. 마치 결혼식 다음 날처럼요. 성대한 결혼식이 끝난 뒤 현실이 시작되듯, 아이들도 입학식 다음 날부터 학교생활이라는 현실과 마주합니다. 그래서 제가 늘 강조하는 것이 입학 전 긍정적인 환경 구성입니다.

불안보다는 설렘으로, 걱정보다는 준비로 아이를 도와줄 수 있는 사람이 바로 부모님이기 때문입니다.

1학년 아이들이 등교를 거부하는 일은 흔합니다. 부모님들은 눈물 바람으로 저를 찾아오시거나 전화를 합니다. 그럴 때마다 저는 다음과 같은 단계를 안내 드리고, 충분히 기다렸습니다. 그 결과 많은 아이들이 한 달 안에 학교를 스스로 등교하게 되었습니다.

① 1단계: 원인을 '찾으려 하지 말고, 발견'하세요.

가장 먼저 해야 할 일은 원인을 정확히 아는 것입니다. 하지만 서두르면 안 됩니다. 의사에게 가장 중요한 것이 진단이듯, 아이의 마음도 꼼꼼하게 살펴야 합니다. 선불리 판단하기보다 천천히 '관찰하고 발견'해야 합니다.

부모님들은 종종 아이의 행동을 근거로 추측합니다.

"친구랑 싸웠나 봐요."

"선생님이 무섭대요."

그럴 때 저는 이렇게 여쭤봅니다.

"그 이야기를 아이에게 직접 들어보셨나요?"

대부분은 아직 대화를 나누지 못했다고 하십니다. 그래서 저는 이렇게 '숙제'를 드립니다.

"오늘은 아이와 조용히 대화해보세요. 다만, 아이가 눈치채지 못하게요."

아이의 마음을 알아가는 대화는 추궁이 아니라 탐색입니다.

"왜 학교 가기 싫어?"

이렇게 말하기보다는 "학교 생각하면 어떤 기분이 들어?"라고 물어보세요. 그 차이가 대화의 문을 엽니다.

② 2단계: 소통의 방향을 점검하세요.

부모는 아이를 가장 잘 아는 존재이지만, 때로는 가장 모르는 존재

이기도 합니다. 상담을 하다 보면, 아이를 있는 그대로 보기보다 내가 보고 싶은 대로 보는 경우가 많습니다. 그런 소통은 함께 나누는 대화가 아니라 한쪽으로만 흐르는 말이 됩니다.

"내가 많이 이야기했는데, 아이는 듣기만 해요."

"아이 생각은 묻지 않았던 것 같아요."

이런 순간을 발견하셨다면, 이미 변화의 시작점에 서 계신 겁니다. 소통의 횟수보다 소통의 질이 더 중요합니다. 문제에 집중하지 말고, 아이의 표정과 감정에 집중해보세요. 그 안에 반드시 원인이 숨어 있습니다.

③ 3단계: 함께 '해결 계획'을 세우세요.

원인을 찾았다면, 이제는 해결입니다. 깊은 정성이 필요한 문제도 있고, 기다림의 시간이 필요한 문제도 있습니다. 때로는 둘 다 필요한 경우도 있지요. 종이에 이렇게 써보세요.

"지금 내가 해볼 수 있는 방법."

그리고 아이와 함께 계획을 나누세요.

"엄마는 ○○이의 어려움을 이렇게 도와보려고 해. ○○이는 어떻게 생각해?"

이때 아이가 제안하는 방법이 있다면 그 의견을 존중해 주세요. 그 과정에서 아이는 자신이 존중받고 있다는 감정을 배웁니다. 그 감정이 학교로 향하는 발걸음을 조금씩 가볍게 만듭니다.

④ 4단계: 담임선생님과 '공유'하세요.

학교에는 아이를 지원할 수 있는 많은 도움의 손길이 있습니다. 담임선생님과 먼저 이야기를 나누고, 필요하다면 'Wee 클래스'(학교 내 전문 상담 교실)의 도움을 요청해 보세요. 이곳에는 전문 상담 교사가 상주하며 학생의 정서 적응을 지원합니다.

"우리 아이가 조금 힘들어해요."

이 한마디면 충분합니다. 교사는 그 말을 들은 순간, 아이를 더 세심히 바라보게 됩니다.

⑤ 5단계: 부모의 회복탄력성을 기르세요.

아이의 적응에는 시간과 정성, 그리고 부모의 회복력이 필요합니다. 아이의 반응이 기대와 다를 때, 부모는 좌절하고 자책하기 쉽습니다. 하지만 진짜 힘은 다시 일어나는 부모의 모습에서 나옵니다. 아이에게는 완벽한 부모보다 유연하게 회복하는 부모가 더 큰 힘이 됩니다. 하루하루 흔들리면서도, 다시 웃고, 다시 기대를 품는 그 모습이 아이에게 '괜찮다'는 메시지를 전합니다.

학교 가기 싫다는 말은 "나 지금 힘들어요"라는 아이의 또 다른 표현일 수 있습니다. 그 말을 들었을 때, "왜 그래?"보다 먼저 "그럴 수도 있지."라고 말해주세요. 그 한마디가 아이의 불안을 녹입니다. 그리고 언젠가 아이는 말할 거예요.

"엄마, 나 내일은 학교 갈래."

그날이 오기까지, 부모의 회복탄력성이 아이의 용기를 만들어 줄 것입니다.

집중해서 듣고 실천하기

1학년 담임 교사라면 누구나 공감하는 말이 있습니다.

"같은 말을 하루에도 수십 번 해야 해요."

1학년 아이들은 유아기에서 아동기로 넘어가는 과도기에 있습니다. 아직 자기중심적인 사고가 강하기 때문에 교사의 전체 지시를 '나에게 한 말'로 받아들이지 못합니다.

선생님이 "얘들아, 자리 정리하자."라고 말해도 아이들은 "나한테 한 말이 아닌데?" 하고 멀뚱히 앉아 있지요. 그러다 선생님이 눈을 마주치며 "○○야, 자리 정리하자." 하고 말하면 그제야 움직입니다. 그래서 1학년 교사들은 한 문장을 아이 수만큼 반복해야 하는 인내의 시간을 보냅니다.

하지만 놀랍게도, 시간이 지나면 달라집니다. 어느 날부터 아이들은 선생님의 말을 '전체 지시'로 이해하고, 스스로 움직이기 시작합니다. 이 변화는 1학년의 가장 놀라운 성장 중 하나입니다. 저는 이 과정을 "3월의 집중 수행 과제"라고 부릅니다.

'듣고, 이해하고, 실천하기.'

이 훈련이 자리 잡아야 비로소 깊은 '배움'이 시작되기 때문입니다. 가정에서 할 수 있는 훈련을 소개합니다.

① 듣기 훈련, 이렇게 시작해 보세요

집에서도 간단히 훈련할 수 있습니다. 방법은 아주 단순합니다. 아이에게 무언가를 이야기한 뒤 이렇게 물어보세요.

"○○아, 방금 엄마가 뭐라고 했지?"

그 대답을 들으며, 아이가 얼마나 주의 깊게 듣고, 어떤 부분에 집중하는지를 알 수 있습니다.

단, 한 문장에는 한 가지 메시지만 담아야 합니다. 예를 들어 "엄마가 오늘 회사에서 미팅도 하고 청소도 했어."보다는 "엄마가 오늘 회사에서 10명의 사람들과 미팅을 했어."가 좋습니다.

이렇게 한 가지 내용만 전해 보세요. 아이에게 익숙해지면 두 가지, 세 가지로 점차 늘려가면 됩니다. 이 훈련은 이야기를 듣는 힘을 기르고, 결국엔 학습 집중력으로 이어집니다.

② 심부름은 '듣기와 실행력' 훈련의 완성입니다.

듣기 훈련이 어느 정도 익숙해지면 다음은 '실행력'을 키우는 단계입니다. 바로 심부름이에요.

심부름은 단순히 물건을 사오게 하는 일이 아닙니다.

"엄마에게 물 한 컵만 가져다줄래?"

"탁자 위에 있는 책을 서재에 갖다줄래?"

이런 일상 속의 간단한 부탁이 곧 훈련의 기회가 됩니다. 심부름을 잘 수행했다면 칭찬과 함께 작은 용돈 보상으로 연결해도 좋습니다. 이는 경제 개념뿐 아니라 '책임감과 성취감'을 함께 길러주는 교육이 됩니다.

③ 매체를 활용한 듣기 연습

요즘 아이들은 영상 콘텐츠를 많이 접합니다. 이 시간도 '듣기 훈련'의 기회로 만들 수 있습니다. 아이와 함께 유튜브 영상을 본 뒤, 이렇게 물어보세요.

"이 영상에서 뭐라고 했는지 기억나?"

"이 유튜버는 이렇게 말했는데, ○○이는 어떻게 생각해?"

이런 대화는 아이의 이해력과 사고력을 키워줍니다.

무조건 "유튜브 보지 마!"라고 말하는 것보다, 아이 스스로 생각하고 판단할 수 있는 힘을 길러주는 게 더 중요합니다. 매체를 적으로 돌리는 대신, 듣기 연습의 도구로 바꾸어 주는 것이 부모의 지혜입니다.

집중해서 듣고 실천하는 힘은 학교 공부뿐 아니라 삶을 살아가는 힘의 기초입니다. 이 능력은 타고나는 것이 아니라, 하루하루의 대화 속에서 만들어집니다.

도서관 단골손님 만들기

저는 초등 교육의 7할은 독서 교육이라고 생각합니다. 수십 년 동안 수많은 아이들을 가르치며 느낀 점은 책을 사랑하는 아이는 결국 잘된다는 것입니다. 배움의 기초체력은 독서에서 자라납니다. 그래서 제가 1학년과 함께 시작하는 첫 번째 프로젝트는 바로 '도서관 단골손님 만들기'입니다.

학교에는 '도서관 활용 시간표'라는 것이 있습니다. 학급마다 도서관을 이용할 수 있는 시간을 정해둔 약속이지요. 대부분의 교사들은 이 시간을 '국어 교과'와 연계할 때만 사용하지만, 저는 이 약속을 꼭 지킵니다. 왜냐하면 '정해진 시간에 도서관에 가는 습관'이 책 읽는 아이로 자라기 위한 첫걸음이기 때문입니다. 처음에는 도서관에 가는 아이가 거의 없습니다. 하지만 1~2개월쯤 꾸준히 시간을 지켜 방문하다 보면 놀랍게도 도서관 단골손님이 하나둘 늘어납니다. 그 이유는 단순합니다. 책의 즐거움을 알게 되었기 때문입니다.

아이들은 책을 좋아하기 시작하면 수업 외 시간에도 스스로 도서관을 찾습니다. 쉬는 시간, 점심시간, 방과 후에도 말이죠. 그러다 보면 더 재미있는 일이 생깁니다. 학교 도서관에는 늘 다양한 이벤트와 프로그램이 열립니다. 책 대여가 많은 학생에게 주는 작은 간식, 독서 퀴즈를 풀면 받을 수 있는 선물, 작가와의 만남 행사 등 이런 활동 덕분에 아이들에게 도서관은 '학교 속의 놀이동산'처럼 느껴집니다. 학기 말이면, 제 교실 아이들은 거의 모두 도서관에 있습니다. 폭신한 소파에 배를 깔고 책을 읽으며 이렇게 말하죠.

"선생님, 이게 세상에서 제일 행복해요."

이런 아이들을 보면, 그 순간만큼은 세상 누구보다 행복한 교사로 느껴집니다.

아이를 도서관 단골손님으로 만드는 일은 학교와 가정이 함께 만들어야 하는 일입니다. 그래서 저는 예비소집일에도 꼭 학교 도서관을 아이와 함께 들어가 보시라고 권합니다. 학교 도서관의 행사와 소식은 대부분 학교 알림장 앱을 통해 안내됩니다. 그 안에는 '신간도서 신청'이나 '독서 행사 참여 안내'가 자주 올라옵니다.

"○○아, 오늘 도서관에서 퀴즈 이벤트 있대! 꼭 가서 참여해봐!"

이 한마디가 아이의 발걸음을 도서관으로 이끕니다.

또, 주말 동안 서점에 들렀다가 아이가 읽고 싶어 하는 신간을 발견했다면 엄마가 대신 신간도서 신청을 해주세요. 신청한 책이 학교에 입고되면 그 아이가 가장 먼저 대출할 수 있는 기회를 얻게 됩니다. 이런 소소한 경험들이 쌓이면, 아이는 자연스럽게 '책 읽는 기쁨'을 알게 됩니다.

책은 아이의 언어를 풍성하게 하고, 언어는 아이의 생각을 단단하게 합니다. 아이의 사고력, 표현력, 그리고 감정의 깊이는 결국 '책과 얼마나 친한가?'에서 비롯됩니다. 오늘부터 도서관을 '공부의 장소'가 아닌 '삶을 배우는 공간'으로 만들어 주세요.

그리고 아침마다 이렇게 말해주세요.

"○○아, 오늘은 도서관에서 어떤 책을 만날까?"

그 한 문장이 아이의 하루를 책 향기로 물들일 것입니다.

수학을 재미있게 경험하기

수학을 재미있게 경험하는 일은 좋은 공부 정서를 만드는 것에서 시작됩니다. 초등학교 1학년 수학 교과서는 그래서 생활 속 이야기를 많이 담고 있지요. 부모님께서는 아이가 입학하기 전에 한 번쯤 1학년 수학 교과서를 펼쳐보시길 권합니다.

1학년 1학기 교과서의 목차를 살펴보면 '9까지의 수, 여러 가지 모양, 덧셈과 뺄셈, 비교하기, 50까지의 수'로 크게 어려운 내용은 없습니다. 하지만 아이들은 의외로 이 단원들을 '어렵다'고 느낍니다. 그 이유는 수학 자체가 아니라, 수학을 배우는 경험의 감정이 즐겁지 않기 때문이에요. 그래서 가정에서 쉽게 실천할 수 있는 수학을 재미있게 경험하는 방법을 소개해 드리고자 합니다.

① 그림으로 수학 경험하기

· 엄마와 아이가 각각 스케치북을 준비합니다.

· 서로 좋아하는 사물을, 마음에 드는 숫자만큼 그립니다.

(예: 엄마는 사과 3개, 아이는 별 5개)

· 잠깐 스케치북을 보여준 뒤, 상대방이 그 수를 맞춥니다.

· 점점 그림 크기나 개수를 바꾸며 놀이의 난이도를 높여보세요. 자연스럽게 '수 개념'과 '비교하기'를 익힐 수 있습니다.

② 먹으면서 수학 경험하기

· 집에 있는 과일이나 간식을 활용합니다.

· 엄마가 문제를 냅니다.

(예: "사과 2개에 귤 1개를 더하면 모두 몇 개일까?")

· 아이가 실제로 세어 보며 답을 말합니다.

· 이번엔 역할을 바꿔서 아이가 문제를 내고 엄마가 답합니다. '덧셈과 뺄셈' 개념이 생활 속에서 자연스럽게 익혀집니다.

③ 몸으로 수학 경험하기

· 계단을 활용해 가위바위보 수학 게임을 합니다.

· 이긴 사람이 문제를 내고, 진 사람이 계산을 수행합니다. 수학을 머리가 아니라 몸으로 체험하게 됩니다.

(예: "3 더하기 1칸 올라가!" → 아이는 "4!" 하고 네 칸 이동.)

④ 챗 GPT로 이미지 수학 놀이하기

· 챗GPT에 이렇게 요청해 보세요. "사과 2개와 바나나 3개 그림을 만들어 줘."

· 이미지를 함께 보며 "이건 어떤 식으로 표현할 수 있을까?"라고 물어봅니다.

아이는 "2 + 3 = 5"를 스스로 쓰며 시각적 사고력을 기릅니다. 이는 디지털을 학습의 도구로 전환하는 연습이 됩니다.

수학은 공부 정서가 가장 중요한 과목입니다. "수학은 재밌다."는 감정이 자리 잡으면 문제집 공부는 훨씬 수월해집니다.

오늘부터 이렇게 말해 보세요.

"○○아, 우리 수학 놀이 한 판 할까?"

그 한마디가 아이가 수학을 '공부'가 아닌 '놀이'로 느끼게 하는 가장 따뜻한 초대장이 될 수 있습니다.

챗GPT에서 사과로 뺄셈 표현하기

시험(평가) 준비하기

초등학교 1학년의 평가는 '점수'보다는 '성장'을 보기 위한 과정입니다. 따라서 시험 준비는 공부를 잘하기 위한 것이 아니라, '배운 것을 표현하는 연습'이라고 생각하면 훨씬 편안합니다.

1학년 1학기에는 수업 시간 중 활동을 근거로 한 수행평가가 실시됩니다. 말하기, 행동하기, 토론하기, 스스로 평가하기 등 다양한 방식으로 이루어집니다. 학기 초마다 학교에서 평가 계획표가 배부되니 꼭 챙겨서 확인해 주세요. 2학기부터는 수행평가에 논술형 평가가 추가됩니다.

논술형 평가는 단답형보다는 자기 생각을 문장으로 표현하도록 구성됩니다. 다만 교사별로 평가 방식이나 문항이 조금씩 다르며, 시험 일정 또한 학급별로 다르게 운영됩니다. 시험일은 주로 주간 학습 안내나 알림장을 통해 사전 안내되니, 이 부분을 꼭 확인하시면 됩니다.

논술형 평가라고 해서 어려운 글쓰기를 요구하는 것은 아닙니다. 글씨를 많이 써야 하는 문항보다는 '생각을 문장으로 정리하는 연습'을 중심으로 준비하면 충분합니다. 예를 들어 수학 문제의 답이 '1'이라면 단순히 '1'이라고만 쓰는 것이 아니라, "1은 3에서 2를 빼면 남는 수이기 때문입니다."처럼 과정을 표현하도록 돕는 것입니다.

집에서 하는 논술형 대비 연습 3단계

① 말로 먼저 표현하기

부모님이 문제를 읽어주고, 아이가 입말로 대답하게 합니다.

예: "왜 그렇게 생각했어?", "어떻게 풀었어?"

이 과정을 통해 아이는 생각의 흐름을 정리하게 됩니다.

② 부모님이 한 번 정리해주기

아이가 말한 내용을 부모님이 자연스럽게 정리해줍니다.

"그럼 ○○이는 이렇게 생각했구나. 먼저 △△를 하고, 그다음에 □□를 했네."

이 말 자체가 아이의 머릿속 사고 과정을 언어로 구조화해 줍니다.

③ 아이가 문장으로 옮겨보기

이제 아이가 직접 문장으로 써 보는 단계입니다.

이때 "그냥 이렇게 써."보다는 "너는 ○○ 과정을 통해 이 답을 얻었지? 그 과정을 글로 한 번 써 볼까?"처럼 아이의 '사고 흐름'을 글로 옮기게 도와주세요. 이 훈련을 1~2학년 동안 꾸준히 하면, 3학년 이후에는 스스로 논리적으로 글을 쓰는 습관이 자리 잡습니다.

평가는 아이가 얼마나 알고 있는지를 확인하는 자리가 아니라, 아이의 생각이 자라는 과정을 기록하는 자리입니다. 아이의 답이 조금 달라도, "이렇게 생각했구나." 하고 먼저 들어주세요.

그 한마디가 아이에게 '시험은 무서운 게 아니라, 내 생각을 표현하는 시간'이라는 가장 따뜻한 공부 정서를 심어줄 거예요.

작은 성공 발견하고 행복 느끼기

대한민국은 OECD 국가 중에서도 높은 교육열과 경제 성장을 이루었지만, 행복 지수는 늘 하위권에 머물러 있습니다. 이 문화는 이제 초등학생에게까지 스며들고 있습니다. 아이들은 점점 완벽을 추구하며, 실패를 두려워합니다.

"이생망(이번 생은 망했다)"이라는 표현을 아무렇지 않게 쓰기도 하지요. 저는 그런 아이들에게 늘 이야기합니다.

"큰 성공이 우리를 일으키는 게 아니야. 작은 성공이 우리를 다시 걷게 만들어."

그래서 저는 교실에서 '작은 성공'을 크게 칭찬하는 일을 중요하게 생각합니다. 아이의 사소한 행동에도 진심으로 기뻐해 주면, 그 감정은 아이에게 '기억되는 행복'으로 남습니다.

독일 심리학자 도리스 메르틴(Doris Mertin)은 『아비투스』에서 '아비투스'를 사회문화적 환경에 의해 형성되는 제2의 본성이라고 했습니다. 즉, 삶의 태도와 기회, 사회적 지위까지 결정하는 무형의 힘이라는 뜻이지요. 저는 이 아비투스의 구성 요소 중 하나가 바로 '심리 자본(心理資本, Psychological Capital)'이라고 생각합니다. 그리고 그 심리 자본의 핵심은 작은 성공을 발견하고, 그 안에서 행복을 느끼는 능력입니다.

가정에서 실천할 수 있는 작은 성공 10가지

① 아침에 알람을 듣고 스스로 일어나기

② 침대나 책상 정리하기

③ 아침 식사 후 자기 식사 자리 정리하기

④ 화장실에서 스스로 뒤처리하기

⑤ 하교 후 가방을 제자리에 두기

⑥ 오늘 입은 옷을 빨래통에 넣기

⑦ 냉장고에서 음료를 스스로 꺼내기

⑧ 학교 안내장을 식탁 위에 올려놓기

⑨ 필통을 꺼내 연필 깎기

⑩ 작은 일이라도 스스로 끝까지 해 보기

이 열 가지는 단순한 생활 습관이 아니라, 아이가 "나는 할 수 있다"는 내적 확신을 쌓는 훈련입니다. 아침에 스스로 일어나는 어린이는 수업 시작 전에 자리에 스스로 앉을 수 있습니다. 책상을 정리하는 어린이는 사물함도 깨끗하게 유지할 수 있습니다. 식사 후 자리를 정리하는 어린이는 급식 후에도 책상을 정리합니다. 화장실을 스스로 다녀오는 어린이는 학교에서도 자신 있게 생활합니다. 냉장고에서 음료를 꺼내 먹는 어린이는 급식 시간 우유도 스스로 마십니다.

이렇게 집에서의 작고 반복된 경험은 학교에서의 자립적 행동력으로 자연스럽게 이어집니다. 아이의 작은 성공을 발견하면 즉시, 구체적으로, 크게 칭찬해주세요.

"○○이가 혼자 일어났네! 이제 진짜 초등학생 같아!"

"책상을 스스로 정리했구나. 그 정리 습관이 학교에서도 큰 도움이 될 거야."

이런 칭찬이 반복될수록 아이는 자신의 행동과 행복을 연결하게 됩니다.

아침 기상 습관과 잠자리 루틴 만들기

학교 생활에 빠르게 적응하는 아이들에게는 공통점이 있습니다. 바로 루틴(routine)이 있다는 점입니다. 루틴이란 정해진 순서와 규칙에 따라 자동적으로 반복되는 행동을 뜻합니다. 핵심은 '자동화'입니다. 우리가 아침에 일어나면 눈을 비비며 화장실로 가서 무의식적으로 칫솔을 집어 드는 것처럼, 아이의 아침 일상도 '생각하지 않아도 몸이 움직이는' 수준으로 자동화되어야 합니다. 하지만 이 자동화는 결코 저절로 만들어지지 않습니다. 부모님과 함께 계획하고, 함께 점검해야 합니다.

루틴 만들기, 이렇게 해 보세요.

① 아이와 함께 하루 루틴을 글로 써 보세요.

아침에 일어나서부터 잠들기 전까지, 아이의 하루를 함께 정리합니다. "학교 갈 준비"처럼 뭉뚱그리지 말고, "세수하기 → 밥 먹기 → 가방 챙기기 → 인사하기"처럼 구체적으로 써주세요.

② 체크 리스트로 점검해보세요.

일주일 동안 아이가 얼마나 루틴을 지켰는지 체크합니다. 아이가 스스로 표시할 수 있도록 하세요. 성실하게 실천했다면 즉시 칭찬해주세요.

③ 지켜지지 않는 루틴은 원인을 찾아 수정해 보세요.

예를 들어 "스스로 일어나지 못한다면 왜 그럴까?"를 함께 생각해보세요. 늦게 자서 그렇다면 취침 시간을 30분 앞당기는 것도 좋은 방법입니다. 아이에게는 "못했어"보다 "어떻게 하면 할 수 있을까?"라는 질문이 훨씬 힘이 됩니다.

루틴은 아이를 통제하기 위한 도구가 아니라, 하루를 예측할 수 있게 도와주는 안정감의 언어입니다. 하루의 순서를 알고 움직이는 아이는 예상치 못한 상황에서도 스스로 균형을 되찾을 수 있습니다. 오늘부터 아이와 작은 루틴을 만들어보세요. 그 루틴이 쌓여서 아이의 하루를 단단하게 지탱하는 힘이 될 것입니다.

아침과 저녁 루틴 예시

아침 루틴 예시	
시간	할 일
7:00 - 7:10	일어나서 이불 정리하기
7:10 - 7:20	세수하고 이 닦기
7:20 - 7:50	아침밥 먹고 자리 정리하기
7:50 - 8:00	이 닦고 화장실 가기
8:00 - 8:10	옷 입기
8:10 - 8:20	오늘 하루 일과 확인하기
8:20 - 8:40	안전하게 학교 가기
8:40	학교 도착

저녁 루틴 예시	
시간	할 일
9:00 - 9:30	샤워하고 머리 말리기
9:30 - 9:40	내일 쓸 연필 깎기, 준비물 챙기기
9:40 - 9:50	내일 입을 옷과 양말 챙겨놓기
9:50 - 10:00	침대에 누워 좋아하는 책 읽기
10:00	잠자리 들기

책상 정리,
학용품 관리 습관 들이기

학교 생활에 빠르게 적응하는 아이들의 공통점 중 하나는 정리 습관입니다. 저는 교실에서 매일 아침 5분, 하교 전 5분을 '정리 시간'으로 운영합니다. 이 시간에는 책상 속과 사물함을 정리합니다. 가정에서도 같은 리듬을 만드는 것이 좋습니다. 아침 5분, 저녁 5분. 이 두 번의 정리 시간이 아이의 하루를 정돈합니다.

'정리정돈'의 핵심은 "제자리에 두는 것"입니다. '제자리'라는 말은 곧 '원래 자리가 있다'는 뜻입니다. 그런데 많은 부모님들이 물건의 '원래 자리'를 정해주지 않은 채 "정리해!"라고 말합니다. 그 순간 아이는 막막해집니다. 그래서 모든 물건의 제자리를 함께 정하는 것이 출발점입니다.

학교에서도 교사들은 이렇게 안내합니다.

· 교과서는 책상 속
· 필기구는 필통 안
· 학습지는 파일 속
· 미술 도구는 사물함 속

하지만 아이들 중 일부는 학습지를 아무데나 넣어 두거나, 싸인펜과 풀의 뚜껑을 닫지 않아 책상 속이 엉망이 되기도 합니다. 그래서 정리의 훈련은 단순한 '치우기'가 아니라 생활 속 질서감과 자기관리의 시작입니다.

학교생활을 하다 보면 휴지나 물티슈가 금세 다 떨어지는 일이 많습니다. 이럴 때는 단순히 "다 썼구나!" 하면서 넘기지 말고, 아이가 언제, 어떤 상황에서 많이 썼는지 살펴보는 것이 중요합니다. 휴지를 아껴 쓰지 않는 경우라면 가정에서도 부모가 절약하는 모습을 보여주세요. 혹시 무언가를 자주 쏟는 경우라면 우유, 물감, 음료수 등을 다루는 습관을 점검해주세요. 이렇게 사용량을 함께 점검하는 과정 자체가 생활 습관 교육의 좋은 기회가 됩니다.

요즘은 학교에 실내화를 두고 다니는 경우도 있지만, 주기적으로 집으로 가져오게끔 하는 것이 좋습니다. 월 1회 정도의 세탁을 권장합니다. 여기서 중요한 것은 아이 스스로 실내화를 세탁하는 것입니다. 실내화는 끈이 없고 가볍기 때문에 세탁이 그렇게 어렵지 않습니다. 그래서 1학년부터 스스로 실내화를 세탁하는 경험을 제공하기를 추천합니다. 2학년부터는 운동화 세탁도 시켜보세요. 세탁 경험은 단순히 청결을 위한 것이 아닙니다. 물을 잘 다루고, 물건을 깨끗하게 유지하고, 정리 후 제자리에 두는 습관, 이 모든 것이 '삶을 관리하는 힘'으로 이어집니다.

미술 시간에 물통을 사용하거나 청소 시간에 걸레를 세탁하는 일도 같은 연장선에 있습니다. 저는 이것을 '물 관리 교육'이라 부릅니다. 물을 이용해 무언가를 '잘 씻고 잘 말리는 경험'은 단정한 삶, 깨끗한 관계, 정돈된 마음으로 이어지는 훈련입니다.

급식 시간 예절을 배우고 편식 줄이기

학교생활 중 아이들이 의외로 많이 힘들어하는 시간이 있습니다. 바로 급식 시간입니다. 가끔 급식실에서 울음을 터뜨리는 아이들도 있습니다. 이유를 물어보면 대부분 '편식' 때문입니다. 학교에서는 영양 교육을 통해 골고루 먹는 법을 지도하지만, 습관은 하루아침에 바뀌지 않습니다. 식습관 개선은 길게 봐야 할 과제입니다.

편식의 두 가지 원인

① 다양한 음식 경험의 부족

어릴 때부터 입맛에 맞는 음식만 제공받은 아이들은 자연스럽게 낯선 음식에 거부감을 느낍니다. 이 경우, 급식표를 미리 함께 보는 습관이 큰 도움이 됩니다. 예를 들어, 급식표에 '시금치나물'이 있다면 집에서 미리 만들어 함께 맛보세요. 처음엔 한입만 먹어도 괜찮습니다. 그 한입이 학교 급식 시간의 '첫 용기'가 될 수 있습니다.

② 음식에 대한 나쁜 기억(트라우마)

예전에 음식을 먹고 탈이 났거나, 강제로 먹어 불쾌한 경험을 한 경우에도 편식이 생깁니다. 이때는 시간과 신뢰 회복이 필요합니다. 학기 초 건강 조사서에 해당 내용을 적어 담임 선생님께 미리 알려주세요. 그러면 교사가 급식 시간에 강요하지 않고 배려해줄 수 있습니다.

또, 학교의 급식 예절 교육은 가정의 식습관과 맞물릴 때 비로소 완성됩니다. 다음 두 가지 습관은 학교생활 적응의 기본입니다.

가정에서 함께 길러야 할 급식 예절

① 앉아서 먹기 습관

돌아다니며 먹는 아이들은 대부분 집에서도 비슷한 식습관을 가지고 있습니다. 부모님이 "한입만 더" 하며 따라다니는 행동은 사랑의 표현일 수 있지만, 학교에서는 위생·안전상의 이유로 금지되어 있습니다. 가정에서도 '식탁에서 앉아 먹는 것'을 원칙으로 정해주세요. 식사 시간에는 자리에서 일어나지 않고, 끝까지 앉아서 먹는 훈련이 필요합니다.

② 식사 후 뒷정리 습관

학교 급식 후 교실을 둘러보면, 책상 위에 반찬이나 국물이 남아 있거나 숟가락을 아무 데나 두는 경우가 종종 있습니다. 이를 예방하는 가장 좋은 방법은 가정에서의 식사 후 정리 습관입니다. 식탁을 직접 닦기, 숟가락과 젓가락을 싱크대에 올려두기, 식탁 주변을 깨끗하게 정돈하기 같은 습관이 몸에 배면, 학교에서도 자연스럽게 뒷정리를 잘하게 됩니다.

갈등이 생겼을 때 대처하기

학생들과 상담하면, 아이들이 겪는 어려움은 공부보다는 '관계'인 경우가 많습니다. 특히 1학년 교실에서는 작은 말 한마디, 사소한 행동 하나가 아이의 하루를 무너뜨릴 만큼 큰 감정의 폭풍으로 다가옵니다. 그중에서도 교실에서 가장 자주 일어나는 갈등은 세 가지입니다.

① 놀리기 — 말의 상처

1학년 교실에서 가장 흔한 갈등은 '놀리기'입니다. 1학년에게 '놀림'은 세상이 무너진 듯한 상처로 다가옵니다.

과거에는 "그럴 수도 있지" 하고 넘기던 일도 요즘은 반복적인 놀림이면 학교폭력 신고 대상이 됩니다. 따라서 가정에서도 "놀림"의 심각성을 알려주세요. 장난이라도 상대의 마음이 아프면 그건 장난이 아니라는 사실을 아이에게 꼭 반복해서 들려주세요.

② 우기기 — 이기려는 마음

두 번째 갈등은 '우기기'입니다. 무조건 자기 주장을 관철시키려 하거나 목소리를 크게 내서 친구를 이기려는 아이들이 있습니다. 이런 아이들은 처음엔 주목받지만, 결국 친구들에게서 멀어지고 외톨이가 됩니다. 그러면 다시 친구의 관심을 얻기 위해 더 강하게 반응하고, 더 크게 화를 냅니다. 이 악순환을 막기 위해서는 가정에서 '이기는 것보다 관계가 중요하다'는 메시지를 반복해주세요. 그리고 아이에게 알려주세요.

"인기가 많지 않아도, 너는 충분히 소중한 사람이야."

이 말 한마디가 아이 마음을 안정시킵니다.

③ 빼앗기 — 몸의 폭력

세 번째는 '빼앗기'입니다. 친구의 물건을 장난으로 빼앗거나, 상대방을 놀리기 위해 일부러 손을 대는 행동입니다. 이런 행동은 단순한 장난이 아니라 폭력의 시작입니다. "다른 사람의 물건과 몸에는 절대 손대지 않는다." 이 원칙은 반드시 가정에서부터 가르쳐야 합니다.

갈등을 피하는 것보다 더 중요한 것은 갈등이 생겼을 때 스스로 대처할 수 있는 힘입니다.

갈등이 생겼을 때, 아이의 대처 방법

① 싫다고 말할 수 있는 연습

가정에서 역할극을 해보세요. 부모님이 괴롭히는 친구 역할을 해주고, 아이에게 "싫어", "그만해"를 연습시킵니다. 이때 핵심은 표정과 목소리의 단호함입니다. 자꾸 연습하면 아이는 실제 상황에서도 자신 있게 대응할 수 있습니다.

② 바로 담임선생님께 알리기

아이가 놀림을 받았을 때, 즉시 교사에게 도움을 요청하도록 가르쳐 주세요.

"선생님, ○○이가 자꾸 놀려요. 하지 말라고 했는데 계속 그래요. 제가 너무 힘들어요. 도와주세요."

이 말 한 문장을 집에서 미리 연습해두면, 학교에서 아이가 훨씬 안전하게 도움을 받을 수 있습니다.

③ 폭력으로 대응하지 않기

가장 주의할 점은 폭력적인 대응을 절대 하지 않도록 지도하는 것입니다. 예를 들어, ○○이가 먼저 놀렸다고 해서 상대방 아이가 때리면, 담임교사는 두 학생 모두를 지도합니다. 부모의 입장에서는 억울

할 수 있지만, 학교에서는 모든 폭력에 대해 공정하게 처리해야 하기 때문입니다.

아이에게 이렇게 말해주세요.

"상대가 잘못했어도 손대면 안 돼. 말로 표현하고, 선생님께 알려야 해."

이것이 아이를 지키는 가장 강력한 방법입니다.

위험에서 나를 지키기

아이들은 하루에도 수많은 위험에 노출되어 있습니다. 놀이터에서 다칠 수도 있고, 길을 건너다 교통사고를 당할 수도 있고, 심지어 낯선 사람이 접근하는 경우도 있습니다. 학교에서는 이러한 상황에 대비해 매일 다양한 형태의 안전 교육을 실시합니다. 하지만 진짜 안전은 학교와 가정이 함께 만들어갈 때 완성됩니다.

가정에서의 안전 교육은 거창하지 않아도 됩니다. 생활 속 반복이 아이의 안전 감각을 길러줍니다.

① 현관문 앞 안전 약속

현관문 옆에 '우리 집 안전 약속'을 붙여두세요. 등교할 때마다 아이가 큰 소리로 읽게 하는 것입니다. 예를 들면 이렇게 써 보세요.

· 찻길에서는 일단 멈추기
· 낯선 사람 따라가지 않기
· 위험할 땐 "도와주세요"라고 말하기
· 불이 나면 엘리베이터 타지 않기

이 짧은 문장들을 매일 보고, 말하고, 몸으로 익히면 위기 순간에도 자동으로 떠올릴 수 있습니다.

② '오늘 하루 안전 점검' 대화

하루가 끝날 때, 아이에게 이렇게 물어보세요.

"오늘 학교에서 위험한 일은 없었니?"

"오늘은 어떤 걸 조심했어?"

이 질문은 단순한 대화가 아니라, 위험 인식과 자기 보호력을 점검하는 시간이 됩니다.

그리고 마지막엔 이렇게 마무리하세요.

"오늘도 안전하게 하루를 보냈구나. 정말 잘했어."

이 칭찬 한마디가 내일의 안전한 행동을 다시 이어주는 힘이 됩니다.

아이가 학교생활 중 다쳤다면 너무 당황하지 마시고 학교안전공제회 제도를 활용할 수 있습니다. 이 제도는 「학교안전사고 예방 및 보상에 관한 법률」에 근거하여, 학생·교직원·교육활동 참여자가 학교 교육활동 중 입은 피해를 보상하는 제도입니다. 담임교사가 학생 사고에 대한 보고를 하면 학교안전공제회에서는 심사를 통해 보상 여부와 금액을 결정합니다. 모든 사고가 보상 대상은 아니며, 활동의 성격과 사고 경위에 따라 금액이 달라집니다. 이 내용은 담임선생님께 문의하면 정확히 안내받을 수 있습니다.

3장

가장 중요한
첫 30일

1일 차
오늘 제일 기억에 남는 사람이 누구였어?

입학식을 무사히 마쳤다면, 이제는 아이가 학교에 잘 적응하고 있는지 확인할 차례입니다. 입학 후 첫 30일 동안 나눌 대화를 알아볼까요?

대화 예시

엄마 ○○아, 입학 축하해! 오늘 제일 기억에 남는 사람이 누구였어?

아이 담임선생님.

엄마 왜 그렇게 생각했어?

아이 일 년 동안 나랑 함께 지낼 분이시니까.

엄마 엄마도 같은 생각이야. 엄마가 보니까 참 따뜻한 분 같더라. 엄마는 우리 ○○이가 학교생활 잘할 것 같은 예감이 들었어.

아이 나도 그래.

해피유쌤의 꿀팁

입학식에 다녀온 아이는 아직 모든 것이 낯설고 정신이 없을 수 있습니다. 처음 마주한 학교와 선생님의 모습에 눈이 동그래져 이리저리 둘러보느라 하루가 금세 지나갔을 거예요. 집에서는 따뜻한 한 끼와 응원의 말을 전하며 입학식 하루를 마무리해 주세요. 이런 대화와 격려는 아이의 불안감을 절반은 희망으로 바꾸어 줍니다. 또한 다음 날을 위해 평소보다 30분 정도 일찍 불을 끄고 편안히 쉴 수 있도록 해주는 것도 좋습니다.

2일 차

오늘 제일 재미있었던 일이 뭐였어?

대화 예시

엄마 오늘 제일 재미있었던 일이 뭐였어?

아이 오늘 선생님이 책을 읽어주셨어.

엄마 제목이 뭐야?

아이 '다다다 다른별 학교'였어.

엄마 어떤 내용이 담겨 있어?

아이 친구들마다 다른 별에서 왔다는 이야기야.

엄마 그럼, ○○이는 무슨 별에서 왔어?

아이 나는 방구를 잘 뀌니까 방구 별에서 왔지.

해피유쌤의 꿀팁

아이가 학교에 적응하는 초기에는 힘든 일, 싸운 일과 같이 부정적인 일보다는 재미있었던 일, 즐거웠던 일을 물어봐 주세요. 처음에는 없다고 하다가도 엄마가 기대에 찬 얼굴로 빤히 쳐다보면 할 수 없이 하나는 툭 내놓을 겁니다. 아이가 무심코 내놓은 그 이야기를 보석같이 잘 받으셔서 호기심 어린 눈빛으로 물어봐 주세요. 그러면 아이는 자기도 모르게 학교생활을 술술(?) 불어낼 겁니다.

3일 차

교실 사물함은 몇 칸이야?

대화 예시

엄마 교실 사물함은 몇 칸이야?

아이 모르겠는데?

엄마 네 사물함은 어디에 있어?

아이 여기쯤?

엄마 그러면 내일 사물함을 잘 관찰해서 엄마에게 다시 말해줄 수 있어?

아이 응.

(다음 날)

엄마 교실 사물함은 몇 칸이야?

아이 삼십 칸이야.

엄마 그림으로 그려서 설명해줄 수 있어?

아이 이렇게 생겼고, 내 사물함은 여기에 있어.

엄마 그러면 네 사물함 속은 어떻게 생겼는지 그려줄 수 있어?

아이 이렇게 생겼어.

엄마 우리 ○○이가 이렇게 정리를 잘한다고?

아이 응.

엄마 우리 ○○이 다 컸네! 정말 멋지다!

아이 고마워.

해피유쌤의 꿀팁

교실에서 아이들이 개인적으로 활용하는 공간은 책상과 사물함입니다. 대부분 아이들은 정리, 정돈에 어려움을 겪습니다. 교사들도 늘 강조하지만 정리, 정돈 습관은 쉽게 고쳐지지 않습니다. 처음부터 잘 배우고 꾸준히 점검해주어야 합니다. 그래서 저도 3월 내내 매일 책상 속과 사물함을 검사합니다. 잘 정리하라는 협박보다는 스스로 자신의 공감을 점검할 수 있도록 자주 질문을 던져주는 것이 좋습니다.

4일 차

학교 화장실 가 봤어?

대화 예시

엄마 학교 화장실 가봤어?

아이 당연히 가봤지.

엄마 몇 번 가봤어?

아이 열 번도 넘지.

엄마 화장실을 어떻게 사용해야 하는지 엄마에게 설명해줄 수 있어?

아이 당연하지. 화장실에 천천히 걸어가서 조용히 소변이나 대변을 보면 되지.

엄마 혹시 화장실에서 대변을 본 적이 있어?

아이 아니, 아직.

엄마 학교 화장실에서 대변 보는 법 배운 적 있어?

아이 응, 배웠지.

엄마 그럼, 우리 ○○이는 이제 걱정이 없네!

해피유쌤의 꿀팁

유치원까지 혼자서 화장실을 잘 사용하던 학생들도 초등학교 들어와서 실수하는 경우가 많습니다. 화장실의 크기와 규모가 달라졌기 때문일 수 있습니다. 학교에는 유아용 변기 시트도, 미끄럼 방지 매트도 없습니다. 가끔 양변기가 아닌 좌변기가 배치되어 있는 칸도 있습니다. 생각보다 물 내림 버튼이 뻑뻑하기도 합니다. 이제 막 1학년이 된 어린이들이 이러한 난관을 뚫고 화장실을 잘 활용하고 있다면 정말 큰 성장을 한 것입니다. 그러니 크게 칭찬해주세요.

5일 차

학교에서 아프면 어떻게 해야 해?

대화 예시

엄마 학교에서 아프면 어떻게 해야 해?

아이 보건실에 가면 되지.

엄마 아, 그렇구나. 그런데 그 전에 해야 할 일이 있어.

아이 뭔데?

엄마 선생님께 먼저 말씀드려야 해.

아이 아, 그렇구나.

엄마 네 맘대로 가면 안 된단다.

아이 아, 그렇구나.

엄마 보건실에 간 적 있어?

아이 아직은 없어.

엄마 매일 건강하게 학교 생활하는 우리 ○○이 기특하네!

아이 고마워.

해피유쌤의 꿀팁

입학 초기 아픈 학생들이 많습니다. 환절기와 입학에 적응하느라 아이들에게는 몸도 마음도 힘든 시기입니다. 게다가 학교는 일반 건물보다 조금 춥습니다. 날씨가 따뜻해지더라도 몸이 약한 학생들은 3월 한 달은 손수건으로 목을 두르고 다니는 것을 추천합니다. 혹시 음식 알레르기가 있거나, 앓고 있는 병이 있다면 학교에서 제공하는 설문에 반드시 답하셔야 합니다. 이 내용은 담임교사, 보건교사, 영양교사가 공유하여 학생의 학교생활을 돕습니다. 건강하게 입학 초기기를 지나간 아이라면 크게 칭찬해주셔도 좋습니다. 아이들은 정말 어려운 언덕을 넘고 있는 중이라는 것을 잊지 마세요.

6일 차

학교 도서관에 가봤어?

대화 예시

엄마 학교 도서관에 가 봤어?

아이 당연하지.

엄마 벌써? 언제 가 봤어?

아이 선생님하고 같이 가 봤지.

엄마 그럼 대출증도 있어?

아이 응, 교실에 있어.

엄마 설마 책 빌려본 적도 있어?

아이 당연히 있지.

엄마 책 제목이 뭐야?

아이 뭐더라?

엄마 기억이 안 나면 내일 꼭 알려줘.

해피유쌤의 꿀팁

빌린 책 제목을 잘 말하는 아이도 있고, 그렇지 않은 아이도 있을 수 있습니다. 넌 네가 빌린 책 제목도 기억 못 하면 어떻게 하냐고 구박하지 마시고 그럼 내일 꼭 알려달라고 부탁해보세요. 덕분에 아이는 도서관에 다시 한번 갈 기회를 얻을 수 있습니다. 그리고 엄마 캘린더에 '책 제목 물어보기'를 꼭 입력해놓으세요. 그리고, 다음날 반드시 물어봐야 합니다. 그냥 넘어가면 아이는 앞으로 엄마의 사소한 부탁도 그냥 넘어갈 확률이 높습니다. 사소한 질문이라도 엄마가 진심으로 묻고 진심으로 답변을 기다려주면 아이는 그 진심을 먹고 자랍니다.

7일 차

오늘 늘봄 학교 프로그램(또는 학원)에서 뭐 했어?

대화 예시

엄마 오늘 늘봄 학교 프로그램에서 뭐 했어?

아이 종이접기 했어.

엄마 뭐 접었어?

아이 오늘 비행기 접었어.

엄마 힘들지 않았어?

아이 쉬웠어. 나 종이접기 잘하잖아.

엄마 정말? 엄마 좀 가르쳐 줘 봐. 엄마도 배우고 싶어.

아이 이리 와봐.

엄마 야호! 오늘은 ○○이가 엄마 선생님이다! 엄마 선생님이 되어 줘서 고마워!

해피유쌤의 꿀팁

일주일 정도 지나면 아이의 하루 일정이 확정됩니다. 학교 끝나고 집으로 돌아오는 아이보다 돌봄, 늘봄교실과 같은 오후 프로그램에 참여하는 아이들이 더 많습니다. 물론 학원까지 포함입니다. 그냥 잘 다녀왔는지 물어보지 마시고 무엇을 배웠는지, 어떤 활동을 했는지도 물어봐 주세요. 적응을 잘하는 아이들에게는 활동 내용을 물어봐 주시고 아이가 집에서 복습할 수 있는 자료도 제시하면 좋습니다. 예를 들어, 종이접기를 하는 학생은 집에 색종이를 준비해 주시고, 댄스를 배우는 학생은 해당 음악을 틀어 주세요. 보드게임 같이 집에서 준비하기 어려울 경우, 유튜브에서 '○○게임 잘하기'와 같은 영상을 같이 보면서 이야기를 나누어 주세요. 입학 후 첫 번째 주에는 학급 적응에 대하여 질문했다면, 두 번째 주에는 방과 후 일정에 대한 적응도 살펴봐 주세요.

8일 차

내일 시간표가 뭐야?

대화 예시

엄마 내일 시간표가 뭐야?

아이 모르는데?

엄마 선생님께서 주신 주간 학습 계획표를 봐봐.

아이 아, 여기 있다! 국어, 수학, 통합이야.

엄마 내일 준비물은 뭐야?

아이 체육복(편한 복장).

엄마 그럼 내일은 어떤 옷을 입을지 미리 정해 놓으렴.

아이 응.

해피유쌤의 꿀팁

요즘 초등학생들은 무겁게 교과서를 들고 다니지 않습니다. 거의 학교에 두고 다닙니다. 가끔 들고 다니는 아이도 있는데, 이 경우 저는 부모님들께 집에 교과서를 한 벌 사두시기를 추천합니다. 전 과목을 사면 가장 좋지만, 혹시 부담되어 다 사지 못하는 상황이라면 수학과 수학 익힘책은 꼭 사기 바랍니다. 다른 과목은 몰라도 수학은 반복 학습이 중요하기 때문입니다. 준비물이나 제출해야 할 안내장 같은 것이 있을 수 있으니 이 질문은 매일 해주시는 것이 좋습니다. 전날 저녁에 엄마와 다음날을 미리 살아본다는 것은 아이에게는 심리적으로 큰 자산이 될 수 있습니다.

9일 차

10시면 몇 교시야?

대화 예시

엄마 10시면 몇 교시야?

아이 음. 그건 왜 물어?

엄마 엄마는 10시에 회의를 하거든. 우리 ○○이는 그 시간에 뭘 배우는지 궁금해서.

아이 잠깐만, 아마도 2교시인 것 같아.

엄마 엄마랑 같이 일과 시간표를 보자.

아이 1교시는 9시부터 9시 40분이고, 2교시는 9시 50분부터 10시 30분이다.

엄마 1교시 수업은 몇 분 동안 하는 거야?

아이 40분이지.

엄마 쉬는 시간은 10분이고?

아이 그렇지.

엄마 그럼 점심시간은 언제야?

아이 12시 10분.

엄마 그렇구나. 엄마는 12시 10분이 되면, 우리 ○○이가 맛있는 점심을 먹고 있다고 생각할게.

아이 응.

해피유쌤의 꿀팁

1학년 아이들이 많이 하는 질문 중 하나가 '지금 몇 교시예요?'입니다. 대부분 1학년 교실에는 숫자로 된 시계가 있어서 아이들이 시간을 읽을 수 있습니다. 그런데 문제는 시간은 알지만, 지금이 몇 교시인지는 모른다는 사실입니다. 교실에 크게 일과표를 붙여놓아도 매일 묻습니다. 이 부분도 훈련이 필요한 것이죠. 주간학습안내 등을 통해서 일과표에 대한 정보를 수집하시고, 그 일과표를 집에도 붙여놓으세요. 주말에 시계를 보면서 지금이 대략 몇 교시쯤 되었는지 말씀해주세요. 그러면 아이들도 금세 눈치를 챌 거예요. 이렇게 눈치 빠른 아이들은 학교 적응이 무척 빠르답니다.

10일 차

40분에 도전할 수 있겠어?

대화 예시

엄마 40분에 도전할 수 있겠어?

각자 제일 좋아하는 일을 40분 동안 해보는 거야.

아이 난 자신 없어. 안 할래.

엄마 그럼 10분만 해볼까?

아이 그건 자신 있지.

엄마 엄마는 책 읽기, 넌 뭘 할 거야?

아이 난 블록 쌓기.

엄마 좋아, 우리 한번 해보자.

해피유쌤의 꿀팁

앞에서 말씀드린 대로 1교시는 40분입니다. 아무리 교사가 열심히 준비한 수업도 모든 1학년 학생들을 40분 동안 집중시키기 어렵습니다. 이 느낌은 마치 제가 선장이 되어 선두에서 열심히 노를 젓고 있는데, 뒤에 함께 노를 저어주는 병사들이 한 명씩 사라지는 느낌이랄까요? 시간이 흐르면 흐를수록 아이들의 집중력은 서서히 한계를 드러냅니다. 물론 중간중간 아이들의 집중력에 불을 붙일 여러 가지 도구를 활용하기도 하지만 쉽지 않습니다. 가정에서 이 40분의 집중력 훈련을 함께 도와주시면 좋겠습니다. 물론 아이는 처음부터 40분을 하지 못합니다. 처음엔 10분, 그다음엔 20분. 이런 식으로 집중 시간을 늘려주세요. 타이머를 활용하여 엄마도 함께 참여해주세요. 그리고 성공하면 맛있는 간식을 주세요. 늘어가는 집중력을 보면서 엄마와 아이 모두 행복해질 것입니다.

11일 차

10분 동안 뭘 할 수 있을까?

대화 예시

엄마 10분 동안 뭘 할 수 있을까?

아이 방 정리할 수 있지.

엄마 진짜? 그럼 한 번 해볼까?

아이 응.

(활동 후)

엄마 진짜 10분 동안 방 정리를 했네!

아이 이 정도는 쉽지.

엄마 그런데 학교 쉬는 시간도 10분이잖아. 그때는 뭘 해?

아이 화장실에 다녀오고, 친구랑 놀아.

엄마 학교에서의 10분과 집에서의 10분은 어떤 차이가 있어?

아이 학교에서 10분은 너무 짧아.

엄마 왜 그렇게 느껴질까?

아이 사람이 너무 많아서 그래. 친구들이 시끄러워.

엄마 맞아. 그럴 수도 있겠다. 친구들이 시끄러워도 10분을 알차게 쓰는 우리 ○○이가 되면 좋겠다.

아이 응, 노력해볼게.

엄마 엄마는 항상 우리 ○○이를 응원해.

해피유쌤의 꿀팁

가끔 열정적인 쉬는 시간 10분을 위해 수업 시간 40분 동안 쉬는 학생들이 있습니다. 열정의 방향성이 조금(?) 잘못되었지요. 쉬는 시간의 목적은 에너지 회복에 있는데, 여전히 그것을 모르거나 잘 실천하지 못하는 학생들이 많습니다. 친구와 수다를 떠는 일도, 노는 일도 중요하지만 가장 중요한 것은 다음 시간을 위해 '잘 쉬는 것'입니다. 쉬는 시간의 의미와 가치에 대하여 아이와 이야기 나누셔서 쉬는 시간 10분을 알차게 쓸 수 있는 아이가 될 수 있도록 도와주세요.

12일 차

내일 급식 메뉴가 뭐야?

대화 예시

엄마 내일 급식 메뉴가 뭐야?

아이 엄마, 내일 카레가 나와.

엄마 우와! 우리 ○○이가 좋아하는 카레가 나오네! 몇 그릇 먹을 거야?

아이 당연히 두 그릇이지.

엄마 내일 우리 ○○이가 카레 두 그릇 먹으면 또 키가 쑥쑥 크겠는 걸? 기대된다.

아이 응.

해피유쌤의 꿀팁

학교에서는 매달 급식 메뉴를 안내장으로 발송합니다. 메뉴명만 아니라 칼로리나 알레르기에 관한 정보도 담겨 있으니 매달 출력하시기를 추천드립니다. 아이들이 제일 사랑하는 안내장이 바로 이 메뉴 안내장입니다. 매일 저녁 다음날 메뉴를 상상하며 대화를 나누시는 것도 아이의 학교 적응을 돕는 방법 중에 하나입니다. "선생님, 오늘 메뉴는 마라탕이에요!"라는 말을 인사 대신하면서 등교하는 아이도 있습니다. 아이들에게 급식은 큰 의미입니다.

13일 차

학교 달력 이름 알아?

대화 예시

엄마 이게 학교 달력이야. 혹시 이 달력 이름 알아?

아이 학교 달력 이름이 뭐야?

엄마 학교 달력 이름은 '학사력'이라고 해. 학사력을 보면 학교에서 어떤 행사를 하는지 미리 알 수 있어.

아이 그렇구나.

엄마 여기에 우리 ○○이 생일도 표시해보자.

아이 응. 바로 여기!

해피유쌤의 꿀팁

학기 초, 학교에서는 학사력을 나누어줍니다. 일년간 학사일정을 기록한 달력입니다. 만약 받지 못하셨다면 학교 홈페이지로 가시면 됩니다. 공지사항으로 안내되어 있을 것입니다. 출력해서 사용하셔도 좋습니다. 학사력을 보면, 운동회나 학예회 같은 학교 행사가 표시되어 있습니다. 이뿐만 아니라 여름방학과 겨울방학까지 표시되어 있습니다. 이를 참고하셔서 여행이나 가족 행사 계획을 수립하시면 좋습니다. 가끔 임시공휴일 지정이나 자연재해로 인한 휴업 등으로 갑자기 학사 일정이 변동되는 경우가 있습니다. 그때마다 학교에서는 학교운영위원회를 통해 학사일정을 변동하고 안내장을 통해 안내합니다. 그 내용도 놓치지 말고 확인하시길 바랍니다.

14일 차

오늘은 물 얼마나 마셨어?

대화 예시

엄마 오늘 물 얼마나 마셨어?

아이 오늘 물통에 있는 거 다 마셨어.

엄마 와, 오늘은 다 마셨구나. 잘했어. 혹시 물이 부족하지는 않았어?

아이 응. 그런데 엄마, 조금 시원한 물이 필요해.

엄마 왜?

아이 요즘 체육을 해서 시원한 물로 바꾸어 주었으면 좋겠어.

엄마 그렇구나. 내일부터는 조금 더 시원한 물로 준비해줄게.

아이 응. 고마워.

해피유쌤의 꿀팁

학교에는 정수기가 있습니다. 그러나 위생상 개인 물통을 준비하는 것이 좋습니다. 방과 후에는 매일 물통을 확인하셔서 아이가 마신 물의 양을 확인해주세요. 마시는 물의 양이 늘거나 줄면, 그 이유를 물어봐주세요. 그러면 아이의 학교 생활을 좀 더 자세히 엿볼 수 있습니다. 학기 초에는 추워하던 아이들이 조금만 따뜻해지면 찬 물을 찾기도 합니다. 물의 온도도 괜찮은지 물어봐주세요. 계절마다 변하는 물의 온도에 따라 아이들은 엄마의 온도를 느낄 수 있을 것입니다.

15일 차

안내장 읽어줄 수 있어?

대화 예시

엄마 오늘 안내장을 가지고 왔네. 혹시 안내장 읽어줄 수 있어?

아이 응! 근데 엄마, 개인 정보가 뭐야?

엄마 개인 정보라는 것은 ○○이의 이름, 부모님 이름, 전화번호, 사는 곳, 생김새 같이 ○○에 대한 모든 내용을 개인정보라고 해.

아이 그런데 왜 개인정보보호 동의서를 내?

엄마 학교에서는 ○○에 대한 개인정보가 필요해. 그래서 일부분을 사용해도 되는지 엄마에게 물어보는 거야. 그리고 엄마의 허락을 받는 거지.

아이 왜 엄마의 허락을 받아?

엄마 엄마는 ○○이의 보호자이기 때문이야. ○○이는 아직 어리기 때문에 보호자인 엄마의 허락을 받아야 해.

아이 아, 그렇구나.

해피유쌤의 꿀팁

학교에서 받아오는 안내장이나 소식지에는 대화를 나눌 주제가 많습니다. 요즘에는 앱을 활용하는 경우가 많은데, 긴급하거나 중요한 내용은 종이 출력물로 발송합니다. 이 경우 아이와 함께 어려운 단어를 찾게 하고, 그것을 설명해 주세요. 그러면 아이가 학교생활을 이해하는 데 큰 도움이 됩니다. 혹시 좀처럼 종이 출력물이 발송되지 않는다면, 학교 홈페이지 가정통신문 게시판으로 가셔서 출력하셔도 됩니다. 아니면 앱을 보면서 대화를 나누는 것도 좋습니다. 바쁘시더라도 매일 학교 알림 앱을 확인하는 것을 추천합니다.

16일 차

수학 익힘책 풀어 봤어?

대화 예시

엄마 ○○아, 학교에서 수학책 풀어봤어?

아이 응, 선생님하고 풀어봤지.

엄마 그러면 수학 익힘책도 풀어봤어?

아이 응. 풀어봤어.

엄마 수학 익힘책은 어떤 책이야?

아이 수학에서 풀었던 문제가 또 나와. 그걸 푸는 거야.

엄마 또 풀면 어떤 느낌이야?

아이 비슷한데 완전히 똑같지 않아서 그래도 재미있어.

엄마 그렇구나.

해피유쌤의 꿀팁

수학은 기초가 중요한 과목입니다. 저는 수업 중에 수학 익힘책까지 모두 활용할 수 있도록 수업을 준비합니다. 보통 1학년 아이들은 방금 배운 내용이라서 수학 익힘책 푸는 것을 그렇게 어려워하지 않습니다. 그러나 문제는 학년이 올라갈수록 수학 익힘책을 수학 시간 내에 풀지 못하는 학생들이 생긴다는 점입니다. 이는 수학 학습 결손이 생겼다는 증거입니다. 1학년 때부터 수학 익힘책을 잘 풀고 있는지 점검하는 부모님의 관심과 정성이 필요합니다. 수학 익힘책을 매일 가지고 다니게 하거나, 서점에서 사서 집에 와서 한 번 더 풀어보게 하는 것도 좋은 방법입니다.

17일 차

오늘 연필 몇 자루 썼어?

대화 예시

엄마 오늘 연필 몇 자루 썼어?

아이 오늘 세 자루 썼어.

엄마 어디 보자. 연필이 많이 뭉툭해진 걸 보니, 우리 ○○이가 오늘 공부를 열심히 했나 봐! 기특하다!

아이 응, 오늘 글씨 많이 썼어.

엄마 어떤 글씨 썼어?

아이 국어 책에 글씨 바르게 쓰기 했어.

엄마 그랬구나. 손 아프지 않았어?

아이 하나도 안 아팠어.

엄마 우리 ○○이가 많이 컸네. 멋지다! 그러면 이제 내일 쓸 연필을 준비해 볼까?

아이 응. 내가 연필 깎을게.

해피유쌤의 꿀팁

연필을 깎는 일은 아이의 매일 루틴이 되어야 합니다. 필통 속에 다섯 자루의 연필이 매일 뾰족하게 준비될 수 있도록 도와주세요. 뭉툭해진 연필을 보면서 왜 깎지 않았는지 혼내는 것보다, 그만큼 열심이었을 아이의 시간을 힘껏 안아주세요. 작은 손으로 연필을 쥐고, 흰 종이 위를 누렸을 아이의 열정에 박수를 쳐 주세요. 그리고 다음 날도 잘 할 수 있다고 함께 연필을 깎으면서 이야기 나누어 주세요.

18일 차

오늘 선생님하고 눈 뽀뽀 했어?

대화 예시

엄마 오늘 선생님하고 눈 뽀뽀 했어?

아이 응. 했어.

엄마 언제 했어?

아이 아침에 인사할 때 선생님하고 눈 마주쳤어.

엄마 선생님과 눈 마주치니까 어땠어?

아이 선생님이 날 보고 웃어주셔서 기분 좋았어.

엄마 우리 ○○이가 눈 뽀뽀해서 선생님도 아마 기분 좋으셨을 것 같아.

아이 응. 나도 기분 좋았어.

엄마 그럼, 지금은 엄마랑 눈 뽀뽀하자.

아이 응, 좋아.

해피유쌤의 꿀팁

저는 1학년 수준에 맞게 눈 마주침을 '눈 뽀뽀'라고 표현했습니다. 명칭은 자유롭게 사용하셔도 됩니다.

눈 마주치는 일은 중요합니다. 눈 마주침을 통해 사람들은 감정을 공유하고, 정보를 나눕니다. 교실에서 제일 답답한 아이는 눈 맞춤이 되지 않는 아이입니다. 슬픈 현실은 눈 맞춤이 되지 않는 아이들이 점점 늘어난다는 사실입니다. 사람들은 서로 마주보고 눈을 맞추고, 이야기를 나누면서 관계가 깊어집니다. 집에서부터 눈 맞춤을 많이 해주세요. 오늘도 눈 뽀뽀 대화! 파이팅입니다!

19일 차

선생님은 어떤 행동을 칭찬하셔?

대화 예시

엄마 선생님은 어떤 행동을 칭찬하셔?

아이 복도를 조용히 걸으면 칭찬하셔. 그런데 우리 선생님은 지은이만 좋아해.

엄마 설마, 그럴 리가 없을 텐데. 그럼 지은이는 어떤 아이야?

아이 지은이는 공부를 잘해.

엄마 엄마 생각에는 선생님은 지은이만 좋아하는 것이 아니라 공부를 열심히 하는 아이를 좋아하시는 것 같아.

아이 그런가?

엄마 선생님은 어떤 학생을 좋아하는 것이 아니라, 어떤 행동을 좋아하시는 거야. 지은이는 그 행동을 많이 해서 칭찬을 받는 것 같아.

아이 나도 많이 하는데, 선생님이 칭찬을 잘 안 해주셔.

엄마 우리 ○○이도 열심히 하는데 칭찬받지 못해서 속상했구나. 엄마가 ○○이의 노력을 알고 있으니까, 선생님도 곧 ○○이의 노력을 발견해 주실 수 있지 않을까? 우리 조금만 더 노력해보자. 엄마도 힘껏 응원해줄게.

해피유쌤의 꿀팁

우리 선생님은 ○○이만 좋아한다는 말을 들으면 부모는 속이 상합니다. 그런데 그 말은 사실일 수도 있고, 아닐 수도 있으니 너무 아이 말만 듣고 바로 속상해하실 필요 없습니다. 아이가 왜 그렇게 생각하는지, 어떤 맥락이 있었는지 자세히 들어보는 것이 좋습니다. 교사들은 한 아이만을 사랑하지도 않고 그럴 수도 없습니다. 아이와 자주 대화를 나누어보시고 왜 아이가 그렇게 생각하는지 원인을 찾아보세요. 이 부분에 대해 걱정이 되고 도움이 필요하다면 담임교사와의 상담이 필요합니다. 그러나 그 전에 아이와 함께 충분히 대화를 나누어보는 것을 추천합니다.

20일 차

담임선생님 말고 또 어떤 선생님이 계셔?

대화 예시

엄마 담임선생님 말고 또 어떤 선생님이 계셔?

아이 보건 선생님이 있지.

엄마 보건 선생님과 이야기 나누어 봤어?

아이 응.

엄마 언제?

아이 저번에 배 아파서 보건실에 갔는데, 선생님이 얼른 약 먹고 나으라고 말씀하셨어.

엄마 보건선생님이 참 좋으시다.

아이 응. 돌봄 선생님도 좋으셔.

엄마 어떻게 좋으신데?

아이 친절하고 재밌어.

엄마 우리 ○○이는 선생님 복이 참 많구나! 행복하겠다!

아이 응.

해피유쌤의 꿀팁

학교에는 담임선생님 외에도 다양한 선생님들이 계십니다. 아이는 다양한 선생님들과 소통하면서 학교생활의 기쁨을 누립니다. 교장, 교감선생님, 사서선생님, 영양사선생님, 상담선생님 등 다양한 분들이 아이의 성장을 돕습니다. 아이가 이 분들과 만나면 반갑게 인사할 수 있도록 이야기 나누어 주세요. 어려움을 겪을 때 그 분들에게 도움을 요청할 수 있도록 미리 이야기 나누어주는 것도 좋습니다.

21일 차

오늘 선생님께 혼난 이유를 말해줄 수 있어?

대화 예시

엄마 오늘 선생님께 혼난 이유를 말해줄 수 있어?

아이 오늘 수업 시간에 자꾸 돌아다녀서 혼났어.

엄마 어떻게 돌아다녔는지 엄마한테 보여 줄 수 있어?

아이 내가 쓰레기통에 갔다가 사물함에 갔다가 친구한테 갔어.

엄마 왜 그렇게 많이 돌아다녔어?

아이 재미있어서 그냥 막 돌아다녔어.

엄마 수업 시간에 돌아다니지 않아야 하는 규칙은 알지?

아이 알지.

엄마 규칙을 어겨야 하는 중요한 이유가 있었어?

아이 아니, 그건 아니었어.

엄마 그러면 규칙은 지켜야 하는 거야. 그것을 지키지 않으면 선생님께 혼나는 것이고. 알겠지?

아이 응. 다음부터는 조심할게.

해피유쌤의 꿀팁

가끔 담임선생님께 직접 연락받을 수 있습니다. 저도 아들 덕분에(?) 전화를 몇 번 받아본 경험이 있어 잘 압니다. 처음에는 괜찮은데 들으면 들을수록 속에서 화가 올라옵니다. 얼굴이 붉으락푸르락해집니다. 당장이라도 아이에게 그 불을 뿜어내고 싶습니다. 그런데, 그 순간 참으셔야 합니다. 그리고 대화를 나누어 보셔야 합니다. 특히 1학년은 자기가 한 행동을 직접 하게 해보는 것이 좋습니다. 기억력이나 표현력이 조금 부족하기 때문입니다. 대화 후에는 반성문 대신 일기를 쓰게 해주세요. 스스로 행동을 돌아볼 수 있도록 일기를 쓰게 하고 담임선생님께 제출해서 피드백을 받을 수 있도록 하면 좋겠습니다.

아이는 실패를 통해 성장합니다. 자칫하면 아이의 실패를 인생의 실패, 부모의 실패로 연결짓기 쉽습니다. 아이의 인생은 한 번의 실패로 절대 무너지지 않으며, 그것이 부모의 잘못도 아닙니다. 누구나 실수하거나 넘어질 수 있습니다. 그러니 실패를 통해 성장하는 아이가 될 수 있도록 도와주세요. 실패는 공포가 아니라 성장의 밑거름입니다.

22일 차

오늘은 어떤 규칙을 잘 지켰어?

대화 예시

엄마 ○○아, 오늘은 어떤 규칙을 잘 지켰어?

아이 오늘은 수업 시간에 손 들고 말하는 것을 지켰어.

엄마 무슨 시간이었어?

아이 국어 시간이었어.

엄마 무슨 이야기를 나누었어?

아이 선생님이 책을 읽어주셨는데, 여행에 관한 책이었어. 내가 여행 간 이야기를 말하고 싶어서 손을 들었어.

엄마 손을 들지 않고 그냥 말하고 싶지 않았어?

아이 그랬지만 규칙을 지키고 싶어서 손을 들었어.

엄마 정말?

아이 응.

엄마 우리 ○○이 규칙을 지키는 모습이 정말 멋지다!

해피유쌤의 꿀팁

이 대화를 나눈다는 것은 참 어려운 일입니다. 먼저, 학교 규칙을 말씀해주시는 선생님의 말씀을 잘 들어야 하고, 그 규칙을 마음에 잘 간직해야 합니다. 그리고 엄마가 물어볼 때 그것을 꺼낼 수 있어야 하니까요. 이 대화를 나누신 다음에는 아이를 꼭 안아주세요. 선생님 말씀을 잘 들은 것, 기억한 것, 실천한 것, 그리고 엄마에게 이야기해준 모든 것을 하나하나 콕콕 짚어서 칭찬해주세요. 아이는 더 잘 듣고, 기억하고, 실천하고, 이야기 나누려 할 것입니다.

23일 차

오늘은 누구랑 인사했어?

대화 예시

엄마 ○○아, 오늘은 누구랑 인사했어?

아이 음, 너무 많은데?

엄마 그럼 엄마랑 한 명씩 떠올려볼까?

아이 맨 처음에 엘리베이터에서는 어떤 아저씨한테, 그다음에는 학교 앞에서 지민이한테, 그다음에는 교실에서 선생님한테 인사를 했어.

엄마 우와, 우리 ○○이가 사람들에게 사랑을 많이 나누어 주었구나.

아이 응.

엄마 내일도 인사로 사랑을 많이 나누어 주는 ○○이가 되렴.

아이 응.

해피유쌤의 꿀팁

인사는 사람들의 기분을 좋게 만듭니다. 그러나 부끄러움을 많이 타는 아이들에게는 정말 어려운 일입니다. 예시 대화처럼 인사를 잘 하는 아이가 있는가 하면, 인사를 한 번도 못하고 집으로 돌아오는 아이도 있을 것입니다. 이 경우에는 일주일에 한 명씩 인사하는 사람을 늘려갈 수 있도록 해주세요. 기록으로 남겨서 아이의 인사 능력 향상을 칭찬해 주시면 더욱 좋습니다. 인사하는 사람이 늘어날수록 아이의 인생에 사랑의 에너지가 채워질 것입니다.

24일 차

예쁜 말을 제일 잘하는 친구는 누구야?

대화 예시

엄마 ○○아, 반에서 예쁜 말을 제일 잘하는 친구는 누구야?

아이 예쁜 말이 뭐야?

엄마 '멋지다'라는 말 같이 사람들을 행복하게 해주는 말이 예쁜 말이지. ○○이 생각에는 어떤 말이 예쁜 말이야?

아이 '넌 할 수 있어', '사랑해' 이런 말이 예쁜 말 같아.

엄마 그런 말을 잘 하는 아이가 있어?

아이 응, 우리 반에서 지한이가 그런 말 잘해.

엄마 지한이가 어떻게 말했는데?

아이 내가 뭐 빌려주면 고맙다고 해.

엄마 지한이가 그렇게 말해주면 ○○이는 기분이 어때?

아이 기분이 좋지.

엄마 우리 ○○이도 지한이처럼 예쁜 말을 한 적 있어?

아이 응. 나는 매일 예쁜 말을 해.

해피유쌤의 꿀팁

'예쁜 말'이라는 주제로 아이와 많은 이야기를 나눌 수 있습니다. 예쁜 말의 뜻과 예시부터 시작해서, 실제로 그런 친구와의 대화까지 이끌어 낼 수 있는 대화가 무궁무진합니다. 반대로 우리 아이가 예쁜 말을 하는지도 꼭 확인해보세요. 그리고 구체적인 상황을 물어보고 기록해보세요. 엄마의 기록을 보면서 아이는 더 예쁜 말로 하루를 채우고 싶어질 거예요.

25일 차

혹시, 교실에서 나쁜 말 하는 친구 있어?

대화 예시

엄마 혹시, 교실에서 나쁜 말 하는 친구 있어?

아이 있지.

엄마 누군데?

아이 윤정이.

엄마 어떤 상황에서 나쁜 말을 했어?

아이 윤정이는 뚱뚱한 애들한테 돼지라고 그래.

엄마 저런. 그러면 그 말을 듣는 친구들은 어떻게 해?

아이 어떤 애는 울고, 어떤 애는 싸워.

엄마 ○○이는 누가 나쁜 말 하면 어떻게 할 거야?

아이 싸울 것 같아.

엄마 싸우면 마음이 편할까?

아이 나쁜 말 했으니까, 내가 혼내 줄 거야.

엄마 ○○이가 혼내주는 것이 맞을까?

아이 아니.

엄마 그러면 누가 혼내주는 것이 맞을까?

아이 선생님이지.

엄마 그러면 선생님께 말씀드리는 것이 좋지 않을까?

아이 그렇지. 그래도 나는 나쁜 애를 혼내주고 싶어.

엄마 그렇구나. 그러면 혼내지 말고, 단호하게 이야기해주면 어떨까?

아이 어떻게?

엄마 '그 말 안 받을게' 하고 단호하게 이야기하는 거지. 할 수 있겠어?

아이 응. 연습해 볼게.

해피유쌤의 꿀팁

교실에서 나쁜 말 하는 학생들이 생각보다 많습니다. 대부분의 아이들은 화가 나서 대꾸를 하다가 결국 싸웁니다. 그러면 선생님이 불러서 지도를 하는데, 이때 당한 학생들은 무척 억울해합니다. 처음에 나쁜 말 한 학생이 더 크게 혼나야 한다고 생각하기 때문이죠. 교사의 공정한 지도에도 쉽사리 화를 풀지 못하는 아이들이 있습니다. 그럴 경우, 처음 나쁜 말을 한 학생보다 더 많이 혼나는 경우가 있습니다. 상대방의 원인 제공에 모든 탓을 돌리고 반성하지 않는 태도 때문이지요. 물론, 처음에 나쁜 말을 하는 사람이 잘못입니다. 그러나 잘 대처하지 못하면서 생기는 갈등도 있습니다. 그래서 우리 아이들에게 잘 대처하는 법을 알려주어야 합니다. 내가 단호한 태도를 가지면 나쁜 말 하는 학생들도 이내 풀이 죽습니다.

26일 차

오늘은 누구 이야기를 귀 기울여 들었어?

대화 예시

엄마 오늘은 누구 이야기를 귀 기울여 들었어?

아이 오늘 준서 발표를 귀 기울여 들었어.

엄마 어떤 시간이었어?

아이 통합시간.

엄마 무슨 내용이었어?

아이 준서가 자기소개를 하는데, 강아지를 좋아한다고 했어.

엄마 우와, ○○이가 오늘 경청을 했구나!

아이 경청이 뭐야?

엄마 귀 기울여 듣는 것을 어려운 말로 경청이라고 해. 경청은 어려운 것이지만, 학교에서는 꼭 해야 하는 것이란다. ○○이 이야기를 들으니 앞으로도 경청을 잘할 것 같아.

아이 응.

해피유쌤의 꿀팁

귀 기울여 듣는 것은 모두의 숙제입니다. 잘 말하기 전에 잘 들어야 합니다. 잘 들은 내용을 바탕으로 활동을 할 수 있고, 덧붙일 수 있고, 공감할 수 있기 때문입니다. 1학년에게 경청은 정말 어려운 일입니다. 말하는 사람은 있는데, 듣는 사람이 없는 곳이 바로 1학년 교실입니다. 이곳에서 듣는 아이는 정말 보석 같은 존재가 될 것입니다. 내 아이가 보석 같은 존재가 될 수 있도록 가정에서도 경청의 연습을 시켜주시면 좋겠습니다.

27일 차

오늘 스스로 한 것 말해줄 수 있어?

대화 예시

엄마 오늘 스스로 한 것 말해줄 수 있어?

아이 오늘 테이프를 혼자 뜯었어.

엄마 우와, 대단한데? 오늘 테이프로 뭐 만들었어?

아이 오늘 테이프로 빨대를 연결했어. 내가 제일 길게 만들었어.

엄마 우와, 얼마나 길었어?

아이 여기서부터 저기까지. 엄청 길었어.

엄마 어떻게 그렇게 만들 생각을 했어?

아이 내가 곰곰이 생각해봤어. 그래서 그렇게 만들었지.

엄마 테이프를 스스로 뜯은 것도 대단하고, 곰곰이 생각한 것도 멋지다! 다음에 또 스스로 한 것 있으면 말해줘.

아이 응.

해피유쌤의 꿀팁

아이들은 자랍니다. 3월에는 외투 지퍼 잠그는 일도 버거워했던 아이들이 11월쯤 되면 외투를 예쁘게 접어서 사물함 위에 척척 올려놓아 정리합니다. 놀잇감을 정리하지 못한 아이들이 여름 방학 즈음이면 착착 정리해둡니다. 부모나 교사가 눈치채지 못하는 순간에도 아이들은 스스로 행동하고 있습니다. 오늘은 그 순간을 잘 포착하셔서 충분히 박수쳐 주세요. 주렁주렁 열매 맺고 있는 아이의 자율성을 만끽하는 시간 되세요.

28일 차

친구들이랑 무슨 놀이 하고 놀아?

대화 예시

엄마 친구들이랑 무슨 놀이 하고 놀아?

아이 블록 쌓기 놀이 하고 놀아.

엄마 몇 명이서 하는 놀이야?

아이 인원수는 상관없어.

엄마 주로 누구랑 해?

아이 현이랑 민기랑 셋이서 해.

엄마 놀이 규칙은 뭐야?

아이 10초 만에 높이 쌓는 사람이 이기는 거야.

엄마 10초 만에? 너무 어려운데?

아이 하나도 안 어려워.

엄마 우리 ○○이 대단하다. 누가 그 게임을 제일 잘해?

아이 민기가 제일 잘해.

엄마 그렇구나. 민기는 어떻게 그 게임을 잘할까?

아이 민기는 연습을 많이 하는 것 같아. 그런데 난 민기가 싫어.

엄마 왜?

아이 민기는 자기가 지면 화를 내.

엄마 에고, 왜 그럴까? 매번 이길 수는 없는데, 그치?

아이 맞아. 그래서 자꾸 반칙을 쓸 때도 있어.

엄마 그럴 때 ○○이는 민기한테 뭐라고 해?

아이 언제나 이길 수 없고, 질 때도 있다고 말해줘.

엄마 그렇게 멋진 말은 어디서 배운 거야? 우리 ○○이 정말 멋지다!

해피유쌤의 꿀팁

놀이는 즐거운 것입니다. 그러나 그 즐거움이 지속되려면 참여자들의 노력이 필요합니다. 1학년 아이들은 그 노력을 배우는 단계입니다. 그 과정에서 싸움과 울음이 이어집니다. 담임교사는 설명과 중재를 통해서 아이들을 지도합니다. 그러나 단박에 좋아지는 일은 없고 서서히 좋아집니다. 우리 아이도 그런 과정을 겪고 있는 중입니다.

규칙을 지키지 않고 이기려고 하는 마음, 놀이할 때마다 선생님께 이르고 싶은 마음보다는 결과 상관없이 즐기려는 마음, 못하는 친구를 도우려는 마음, 뒷정리까지 신경 쓰려는 마음을 키워주세요. 우리 아이를 놀이의 고수로 만들어 주는 비법은 엄마와의 대화에 숨어 있습니다.

29일 차

오늘은 쓰레기 몇 개 주웠어?

대화 예시

엄마 오늘은 쓰레기 몇 개 주웠어?

아이 오늘은 다섯 개.

엄마 우와! 많이 주웠다! 내일은 몇 개 줍고 싶어?

아이 내일은 여섯 개.

엄마 엄마 생각에는 내일은 왠지 더 많이 줍게 되는 날이 될 것 같아.

아이 너무 많으면 힘들어.

엄마 아, 그러면 여섯 개로 하자.

아이 응.

해피유쌤의 꿀팁

공부를 잘 하는 아이들 주변은 깨끗합니다. 정리정돈이 잘 되어 있을 뿐만 아니라 쓰레기의 개수도 현저히 적습니다. 왜일까요? 쓰레기를 바닥에 버리지 않기 때문입니다. 쓰레기가 생기면 바로바로 버리거나, 지우개 가루처럼 잘 모아서 버리더군요. 앞에서 말씀드린 정리정돈 습관도 중요하지만, 청소하는 습관도 중요합니다. 가정에서 자신이 만든 쓰레기는 자신이 처리한다는 원칙만 세워주어도 금방 습관이 됩니다. 다 먹고 난 컵이나 음식 봉투 같은 것도 바로바로 정리하는 습관을 가질 수 있도록 알려주세요. 그 습관이 아이의 학교생활을 더 멋지게 만들어 줍니다.

30일 차

물티슈나 휴지 더 필요해?

대화 예시

엄마 학교에 있는 물티슈나 휴지 더 필요해?

아이 아니, 둘 다 아직 넉넉해.

엄마 얼만큼 남았어? 손으로 표현해봐.

아이 요만큼.

엄마 아직 여유가 있구나. 혹시 더 필요하면 여기서 스스로 챙겨가.

아이 응. 알겠어.

엄마 사인펜이나 크레파스도 다 쓰면 이야기 해줘. 엄마가 구입하는 것 도와줄게. 학용품은 소중한 거니까 잃어버리거나 낭비하지 않도록 조심하고.

아이 응. 조심할게.

해피유쌤의 꿀팁

학교생활 속에서 물티슈나 휴지가 많이 소진되는 아이들이 있습니다. 너무 무분별하게 많이 쓰는 경우가 있거든요. 저는 환경을 위해 물티슈나 휴지를 접어서 사용하는 방법을 가르칩니다. 앞의 네 면과 뒤의 네 면을 모두 사용할 수 있도록 설명합니다. 물론, 어쩔 수 없이 넓게 사용해야 하는 경우도 있지만, 단순 닦는 용도라면 최대한 많이 활용하고 버릴 수 있도록 이야기해줍니다. 급식을 다 먹은 뒤 아이들의 입에는 음식물이 가득 묻어 있는 경우가 있습니다. 이때는 입을 닦고, 다른 면으로 책상을 닦고, 뒤집어서 바닥이나 의자에 붙은 먼지를 닦게 합니다. 그렇게 하면 지구에게 조금 덜 미안해집니다. 아이들 사물함 속 휴지나 물티슈의 잔량을 확인하면서 아이들이 어떻게 그것들을 사용하고 있는지 한 번 확인해보세요. 지구를 사랑하는 마음으로 절약하는 방법도 한 번 생각해 보세요.

엄마 학교에서는 어떻게 해야 해?

초판 1쇄 발행 2026년 1월 31일

지 은 이 유영미
펴 낸 이 김동하

마 케 팅 이승민
디 자 인 김수지
펴 낸 곳 책들의정원
출판신고 2015년 1월 14일 제2016-000120호
주 소 (10881) 경기도 파주시 산남로 5-86
문 의 (070) 7853-8600
팩 스 (02) 6020-8601
이 메 일 books-garden1@naver.com

ISBN 979-11-6416-268-0 (03590)